WEIDEN FLECHTEN

INSPIRIERENDE PROJEKTE FÜR HAUS UND GARTEN

Birgit Østergaard-Jensen
Foto: Jette Ladegaard

WEIDEN FLECHTEN

INSPIRIERENDE PROJEKTE FÜR HAUS UND GARTEN

frechverlag

IMPRESSUM

FOTOS: © Jette Ladegaard sowie Jørgen Gehl und Claus Dalby

LAYOUT: Marianne Schultz

DRUCK UND BINDUNG: Finidr s.r.o., Tschechische Republik

5. Auflage 2013

Diese Ausgabe wurde vermittelt durch Claudia Böhme Rights & Literary Agency, Hannover (www.agency-boehme.com).

Die dänische Originalausgabe erschien 2003 unter dem Titel **PILEFLET PÅ KRYDS OG TVÆRS** bei Forlaget Klematis A/S (www.klematis.dk).

TEXTE UND ILUSTRATIONEN: © Birgit Østergaard-Jensen

PROJEKT-MANAGEMENT, LEKTORAT: Melanie Zimmermann

ÜBERSETZUNG: Claudia Böhme, Hannover

ISBN 978-3-7724-5506-3
Best.-Nr. 5506

Inhalt

Für Ulla

Birgit Østergaard-Jensen, Jahrgang 1960,
wuchs in Vendsyssel (Dänemark) auf.
Sie besuchte die Kunsthandwerksschule in Kolding und spezialisierte sich dort auf Textiltechnik. Seit 1992 unterrichtet Sie in Volkshoch- und allgemeinbildenden Schulen und leitet Seminare.
1995 besuchte Sie einen Kurs von Sally Goymer in Vissinggaard und ist seitdem begeisterte Weidenflechterin.

Vorwort

Wenn ich Weiden flechte, tauche ich in eine ganz andere Welt ein – auf einmal habe ich unendlich viel Zeit. Das Flechten schafft einfach Raum zum Nachdenken und zur Reflexion.

Die Geschichte des Weidenflechtens ist sehr lang und ich habe nur einen kleinen Ausschnitt davon mitbekommen. Ich hoffe aber, dass ich Sie inspirieren kann, auch mit dem Weidenflechten anzufangen bzw. ihre bisherigen Fähigkeiten zu erweitern.

Die Techniken, die in diesem Buch beschrieben werden, sind nicht kompliziert, aber für einige braucht man ein wenig Geschick. Bei mir ist der Ausgangspunkt für die Projekte das Einfache. Deshalb können viele Modelle auch von Kindern und Anfängern gemeistert werden. Da es aber sehr schwierig ist, sich nur darauf zu beschränken, finden sich in diesem Buch auch Projekte für die bereits erfahrenen Weidenflechter: von Rankgerüsten und klassischen Körben über individuelle Stühle aus Baumstümpfen bis hin zu Vogelhäuschen sowie gewickelten Kränzen.

Ich wünsche Ihnen richtig gute Flechterlebnisse!

Birgit Østergaard-Jensen
Oktober 2003

Die Weide als Flechtmaterial

Die Weide ist eine Pflanze mit einer langen Geschichte. Man sagt, dass der erste Tonkrug, den man gefunden hat, innen Überreste von mit Lehm verklebten Weiden enthielt. Bereits vor sehr langer Zeit hat man herausgefunden, dass die Weide ein stabiles, aber auch biegsames Material darstellt und obendrein noch ein ganz gewöhnliches und anspruchsloses Gewächs ist.

Die Weide, die man zum Korbflechten verwendet, wird behutsam zur Winterzeit geerntet, sorgfältig sortiert und an einer luftigen Stelle getrocknet. Nachdem die Weide eine Nacht eingehüllt in einem feuchten Tuch gelegen hat und durchgezogen ist, wird sie anschließend in kaltem oder lauwarmem Wasser aufgeweicht. Danach lässt sie sich so „zart" verarbeiten, dass man wünschte, dieser perfekte Zustand würde während des ganzen Flechtens anhalten.

Oft gibt es aber andere Dinge, die einem dazwischen kommen: die Arbeit, kochen, die Kinder versorgen oder die „bessere Hälfte". So kann es vorkommen, dass die Weide oft einen Tag oder länger liegen bleibt. Im Winter ist das kein Problem, da sie bis zu 14 Tagen in diesem „zarten" Zustand bleibt, wenn man sie kühl lagert. Im Sommer kann es hilfreich sein, die aufgeweichte Weide einzufrieren, wenn man eine große Kühltruhe hat. Dort kann sich die Weide richtig lange halten – sie sollte bloß gut eingepackt werden, damit sie nicht austrocknet.

Weiden kann man bei verschiedenen Anbietern kaufen – einige Leute haben sich auf deren Anbau spezialisiert (siehe Adressen Seite 119). Wenn Sie selbst gerne eigene Weiden anbauen möchten, sollten Sie sich an einen Züchter wenden, um bei ihm Ableger zu kaufen. Der Züchter kann Ihnen ebenfalls nützliche Ratschläge für den Anbau geben. Es ist auch schön, mit anderen Flechtern verschiedene Weiden auszutauschen. Sie brauchen bloß ein paar Ableger, dann können Sie bald selbst einen kleinen Handel aufmachen.

Ich selbst baue kaum Weiden an; das hängt vielleicht damit zusammen, dass ich keinen grünen Daumen habe. Aber es macht mir immer großen Spaß, die kleine Weide, die ich angebaut habe, in den Winterferien abzuernten. Da hilft dann die ganze Familie mit. Bei der Ernte gibt es immer viel zu tragen, umzuschichten und zu sortieren – es ist einfach sehr viel Arbeit. Aber wenn viele mitmachen, kann man sich hinterher auch zusammen freuen.

Außerdem ist das Ganze dann auch eine gute Gelegenheit, im kalten und dunklen Winter ein Erntefest zu feiern.

Keine Weide verarbeitet man lieber als diejenige, die man selbst angebaut, geschnitten, getrocknet und zum Flechten vorbereitet hat ...

Das Werkzeug

Man benötigt nur sehr wenige Werkzeuge, um mit Weiden zu arbeiten. Mit einem scharfen Taschenmesser und einer frischgeschliffenen Rosenschere kommt man bereits sehr weit. Als Ahle und als Schlageisen kann man fürs Erste sicherlich einen Schraubenzieher bzw. ein schweres Flacheisen aus dem Werkzeugkasten verwenden. Aber natürlich kann man auch sehr viele schöne Ahlen und Schlageisen kaufen oder noch besser: selber drechseln und schmieden.
Es ist sehr wichtig, dass man gute Werkzeuge kauft. Investieren Sie lieber in ein richtig gutes Taschenmesser als in zwei schlechte. Das gleiche gilt natürlich für die Rosenschere.

Das Kuhhorn ist mit etwas bläulichem und geschmolzenem Schafsfett gefüllt. Es hat einen sehr authentischen Geruch, gleichzeitig aber eine einzigartige Geschmeidigkeit. Mit einer Ahle, die mit Schafsfett eingerieben ist, kann man selbst an der engsten Stelle Platz schaffen. Achten Sie auch auf den Knauf der Ahle. Dieser sitzt immer etwas schräg auf, damit das Werkzeug gut in der Hand liegt und nicht abrutscht, wenn man es benutzt. Mit der kleinen krummen Zange kann man die Weide gut einklemmen, z. B. wenn die Staken die Tendenz haben, abzuknicken, sobald man sie über Eck biegt.

Aufweichen

Damit man mit der Weide arbeiten kann, muss diese biegsam sein. Das lässt sich auf zweierlei Weise erreichen. Wenn die Weide gerade geschnitten worden ist, ist sie sehr spröde. Deshalb kann man sie dann nicht direkt flechten. Das ist oft eine echte Herausforderung, weil sie so intensiv duftet und man von ihren schönen Farben so inspiriert wird.
Das Problem ist jedoch, dass das Gewicht der Weide zur Hälfte aus Wasser besteht. Wenn es verdampft, schrumpft die Weide entsprechend, das Flechtwerk würde sich dann auflösen. Darum sollte man warten und die Weide erst ruhen lassen. Nach zwei bis acht Wochen Aufbewahrung ist sie halbtrocken und geschmeidig.

Damit die Körbe stabil sind, ist es ganz wichtig, dass die Weide vollkommen trocken ist. Dabei spielt es keine Rolle, ob man sie blitzschnell auf dem Kachelofen oder langsam unter einem geschützten Dach trocknet. Allerdings kann das Licht die Farbe der Weide verändern. Die Weide, die im Dunklen und Kalten getrocknet wird, kann nachdunkeln und ist dann vom Farbton intensiver als die Weide, die im Sonnenlicht trocknet.
Zurren Sie die Weidenbündel zum Trocknen nicht zu fest und stramm zusammen. Stellen Sie die Bündel aufrecht hin – eine Palette eignet sich sehr gut als Unterlage, damit Luft herankommt. Das beschleunigt den Trocknungsprozess und wirkt zugleich einer Schimmelbildung entgegen. Eine getrocknete Weide wird niemals zu alt, wenn man darauf achtet, sie stets trocken zu lagern. Ich hätte sehr gern einen trockenen Dachboden. Das ist der ideale Platz, um seine Weiden zu lagern.
Seit Jahren überlege ich, dass es sehr gut wäre, wenn man eine thermostatgeregelte Aufweichungswanne hätte. Aber diese Idee ist noch nicht ganz ausgereift, deshalb mühe ich mich weiter mit der alten Badewanne ab, die draußen bei mir zwischen den Brenneseln steht.
Aber im Winter geht das natürlich nicht und ich muss andere Lösungen finden, um all die Weiden aufzuweichen, die ich zwischendurch so brauche.

Vorsortierte Bruchweide mit vielen Verästelungen. Die Weiden haben den ganzen Winter an der Nordseite gestanden und sind im Mai immer noch biegsam genug, um damit Garten- und Grenzzäune zu flechten.

In meiner Werkstatt habe ich deshalb einen kleinen Trog aus Backsteinen errichtet. Die Steine sind lose übereinander geschichtet und mit einer doppelten Lage stabiler Plastikplane ausgelegt. Hier werden die Weiden ca. eine Woche lang eingeweicht – mal etwas kürzer oder länger, abhängig von der Dicke und Länge der Weiden.
Diese Konstruktion hat mehrere Vorteile: Zum einen ist der Trog variabel und ich kann ihn passend in der Länge und Breite errichten, die ich für die Menge, die eingeweicht werden soll, benötige. Zum anderen kann ich den Trog sehr leicht reinigen, wenn im Wasser zu viel „schwimmt". Das mache ich, indem ich das Wasser mit einem Eimer abschöpfe, die Plastikfolie herausnehme und sie mit einem Schrubber scheuere. Wenn die Folie nach einer gewissen Zeit zu schmutzig ist, kann man einfach eine neue zu kaufen. Ein Vorteil ist auch, dass ich die Steine aus der Werkstatt wieder in den Garten neben die alte Badewanne umsetzen kann, sofern die Außentemperatur 10 °C übersteigt. Wenn man nur kleinere Weidenmengen aufweichen möchte, kann man sie an einen Stab, an dem ein Stöpsel montiert ist, binden und dann in die Dusche stellen.

Der Arbeitsplatz

Eigentlich habe ich meine Flechtarbeit immer vor mir auf einem Hocker oder einem großen Baumstumpf positioniert. Aber in letzter Zeit klemme ich sie einfach nur zwischen meine Knie oder flechte auf dem Schoß. Dadurch wird noch einmal klar, wie wenig man zum Flechten braucht: Man kann sich einfach hinsetzen und dort flechten, wo man möchte – man braucht nur sein Messer griffbereit in der Tasche zu haben.
Ein richtig gutes Gefühl für das Flechten bekommt man, wenn man nah am Körper arbeitet. Diese Arbeitsweise erfordert aber, dass man die Flechtarbeit ab und zu in leichtem Abstand vom Körper hält, um zu überprüfen, in welche Richtung man eigentlich arbeitet. Für diese Arbeitsform braucht man sicherlich auch etwas Übung.
Es ist empfehlenswert, sich auf ein niedriges Bänkchen oder ein Kissen zu setzen, sodass das Werkzeug direkt neben einem auf dem Boden liegt. Dann kann es nicht herunterfallen, wodurch die Messerspitze abbrechen, die Klinge stumpf oder die Schere beschädigt werden könnte.

Die Arbeit mit dem Messer

Eigentlich ist es egal, was man genau flechtet: Ein Messer braucht man immer. Das ist der Teil beim Weidenflechten, den ich persönlich am meisten schätze. Aber sehr viele Flechter haben Angst, sich zu verletzten und deshalb versuchen sie, das Schnitzen mit dem Messer zu vermeiden. Dies ist aber notwendig, da sich eine richtig geschnitzte Stake deutlich besser einpasst und somit das weitere Flechten vereinfacht. Deshalb beschreibe ich im Folgenden, wie ich mit dem Messer arbeite.

Wenn Messer und Daumen einen Hobel bilden, ist die Gefahr, sich mit dem Messer zu verletzten, sehr gering.

Zu allererst ist es wichtig, dass das Messer scharf ist – mit einem stumpfen Messer kann man sich nämlich sehr leicht verletzen. Zum zweiten sollte man keine Angst vor dem Messer an sich haben, weil man eventuelle Verletzungen fürchtet.
Immer wieder versuche ich, dies auch Pfadfindern beizubringen. Die wissen zwar, wie man mit dem Messer umgeht, haben aber gelernt, stets vom Körper weg zu schnitzen. Das ist eine sehr gute Regel, besonders wenn man einen Stock entrindet. Wenn man allerdings einen besonderen Schnitzer ausführen möchte, funktioniert diese Technik meiner Meinung nach nicht. Stattdessen lebe ich lieber ein wenig gefährlicher und schnitze geradewegs immer auf den Körper zu – natürlich mit ganz kontrollierten Bewegungen und Gefühl.

Ich setze mich mit geradem Rücken hin, die Ellenbogen fest an den Hüftknochen, und stelle mir vor, dass mein Körper nun eine „Hobelbank" ist. In meiner rechten Hand halte ich das Messer, das ist mein Hobel. Die linke Hand umschließt die Weide, die geschnitzt werden soll. Ich platziere den Teil der Weide, der geschnitten werden soll, zwischen den Daumen der rechten Hand und der Klinge und ziehe mit der linken Hand die Weide durch den Hobel. Der ganze Körper ist ruhig, nur der linke Arm bzw. die linke Hand zieht. Wenn das Weidenende durchgezogen worden ist, liegen der rechte Daumen und die Klinge parallel zueinander, sodass sich kein Finger in der Gefahrenzone befindet.
Wiederholen Sie diesen Vorgang locker mehrere Male, ohne wirklich etwas oder nur ein ganz klein wenig von der Weide wegzuschnitzen. So werden Sie mit der Bewegung sicher und vertraut. Danach können Sie die Bewegung leicht variieren, sodass die linke Hand mit der Weide in Ruhestellung und die rechte Hand der ziehende Hobel ist. Dadurch, dass die Ellenbogen fest an den Hüften anliegen, haben Sie Kontrolle und Ruhe in der Bewegung. Auf diese Weise verhindern Sie unerwartete und unkontrollierte Bewegungen, die wirklich gefährlich sind.

Zu guter Letzt: Legen Sie niemals den rechten Daumen um das Weidenende. Das kann nämlich eine richtig tiefe Schramme geben!

Glatt schneiden

Ein sehr wichtiger Bestandteil einer guten und ordentlichen Flechtarbeit ist der saubere Abschluss. Ich verwende dazu eine Baumschere – die Felco Nr. 11. Sie hat den Vorteil, dass ihre Klinge geschliffen werden kann. Die Schere ist schon seit vielen Jahren in verschiedenen Ausführungen im Handel und hält, wenn Sie nicht falsch eingesetzt wird, jahrelang. Für kleine Hände kann die Felco evtl. zu groß und schwer sein. Aber dafür hat Fiskars ein gutes Produkt mit austauschbaren Klingen entwickelt. Das Prinzip der Schere ist so, dass der Schnitt an sich mit viel größerer Kraft als der, die man eigentlich ausübt, durchgeführt wird. Das ist besonders für Kinder von Vorteil. Die Fiskarschere kann man nicht schleifen, aber wenn man sie für Weiden benutzt, schleift sie sich von selbst. Beachten Sie, dass die Schere – egal von welchem Hersteller – eine flache Seite haben sollte, sodass die beiden Klingen beim Schneiden aneinander vorbeilaufen. Auf diese Weise kommt man ganz dicht an das Flechtwerk heran.
Schneiden Sie so, dass der schräge Anschnitt genau auf einer Stake oder auf einer dickeren Weide platziert ist. Das obere Endstück der Weide wird ganz dicht am Boden abgeschnitten – lassen Sie nie eine stumpfe Seite und ein vorstehendes Ende als „Sicherheitsabstand" zurück. Das sieht unprofessionell aus und macht den Korb zusätzlich instabil. Denn wenn die Weide trocken ist, kann man leicht gegen eine vorstehende Weide stoßen. Dann wird diese von innen brechen und das Flechtwerk deshalb mit der Zeit auseinandergehen.
Wenn Sie mit Kindern flechten, geben Sie Ihnen die Baumschere erst in die Hand, wenn es soweit ist, die Enden abzuschneiden. Und sorgen Sie dafür, dass alle gut instruiert werden, wie man das Flechtwerk glatt schneidet. Ehe man sich versieht kann man schnell „zu gut" abschneiden.
Und passen Sie mit der Schere auf. Ich habe mich schon häufiger mit einer Schere als mit einem Messer verletzt; eine scharfe Schere schneidet erstaunlich gut.

Die Weide, die abgeschnitten werden soll, wird leicht angehoben. Wenn die Weide geschnitten wird, liegen die Enden direkt auf einer Bodenstake. Die angeschrägt abgeschnittene Weide schließt genau mit dem Boden ab.

Rankgerüste

Mit Rankgerüsten kann man eine südländische Atmosphäre schaffen. Die wünschen wir uns ja alle, wenn wir im Sommer draußen sitzen. In unseren Regionen haben wir nur sehr wenig Zeit, Pflanzen zu ziehen und sie dann wachsen und blühen zu sehen – zu schnell kommt der Herbst mit Sturm und Regen. Deshalb ist es gut, die Pflanzen nach oben wachsen zu lassen, damit sie so richtig schön zur Geltung kommen.

Eine Gruppe oder Anreihung von Kübeln mit Weidengerüsten eignet sich sehr gut als Abgrenzung oder als Hecke um die Terrasse herum. Gerüste machen sich aber auch direkt im Garten oder als Dekoration in einem Staudenbeet sehr gut. Sehr oft flechte ich die Rankgerüste aus halbfrischer Weide, weil sie sich so schön verarbeiten lässt. Man sollte aber wissen, dass gewisse Blumen es nicht mögen, wenn sie direkt neben eine frische Weide gesetzt werden. Sie gibt dann immer noch große Mengen von Acetylsalicylsäure ab; diese ist in den meisten Weidensorten enthalten. Außerdem kann eine halbfrische Weide immer noch wachsen, sodass sich dann dort zwei Pflanzen Wasser und Nährboden streitig machen. Diesem kleinen Problem kann man aber leicht Abhilfe schaffen, indem man die Triebe abzwickt und die Weiden so am Wachsen hindert. Wenn man ganz trockene Weiden für die Staken verwendet, kann man diese beiden Probleme umgehen. Man kann auch den Teil der halbfrischen Weide behandeln, der in die Erde eingesetzt wird, indem man ihn evtl. mit kochendem Wasser übergießt oder mit einem Gasbrenner ansengt.

Das klassische Rankgerüst

Das klassische Rankgerüst ist am einfachsten zu flechten. Am besten ist es, wenn es direkt in dem Kübel, in dem es später stehen soll, geflochten wird – vorher werden dort aber schon die anderen Pflanzen eingesetzt. Wenn man mit Samen arbeitet, kann man auch erst das Rankgerüst flechten und später die Samen mit den Fingern in die Erde eindrücken.

Ich selbst nehme am liebsten die Wicken, weil sie so schön verführerisch duften. Aber leider hatte ich bis jetzt noch kein ganz so glückliches Händchen mit ihnen. Demgegenüber sind Feuerbohnen (Prunkbohnen) auch für einen Neugärtner sehr leicht zu ziehen.

Nehmen Sie einen Blumenkübel mit einem Durchmesser von 30-50 cm – das ist für Anfänger eine gute Größe. Die Staken sollten am besten 200-260 cm lang sein, ganz nach Belieben. Die Weiden können fast ganz trocken oder nur ein wenig aufgeweicht sein, da sie nicht gebogen werden müssen. Meist hat man die Tendenz, die Rankgerüste zu niedrig zu machen. Aber es sollte ausreichend Platz vorhanden sein, sodass sich die Kletterpflanzen ganz in die Höhe ausstrecken können. Das machen Wicken z. B. sehr gern, sie werden ca. zwei Meter hoch. Ein hohes Rankgerüst bietet zusätzlich die Möglichkeit, dass man ganz oben Lichter anbringen kann – z. B. ein ausgedientes Marmeladenglas mit Teelicht. Damit hat man dann gleich eine gemütliche Gartenbeleuchtung. Die ist im Sommer wie im Winter sehr schön anzusehen.

Elinors Rankgerüst ist aus aussortierten Weiden geflochten. Die Staken haben viele Verästelungen, die einfach aufs Geratewohl miteinander verflochten sind. Das ergibt ein spinnenwebenartiges Muster, das an sich schon sehr dekorativ und auch ohne Kletterpflanzen schön anzusehen ist. Deshalb muss das Rankgerüst in diesem Fall gar nicht so hoch sein.

Nehmen Sie die Staken am oberen Ende zusammen und schneiden Sie diese unten alle auf die gleiche Länge schräg an. Dann ist es leichter, sie in die Erde zu drücken. Stecken Sie die Staken am Rand entlang ca. 20-25 cm tief in die Erde, damit sie gut festsitzen. Ein dreifingerbreiter Abstand ist ideal, sonst gilt als Faustregel, fünf bis sechs Stakenbreiten als Zwischenraum zu veranschlagen (siehe Abbildung links). Soll sich das Rankgerüst nach außen biegen, drehen Sie die Rückseite der Weiden nach außen. Soll das Rankgerüst eher lang und spitz zulaufen, drehen Sie die Rückseiten der Weiden zur Mitte. Nun flechtet man ein oder zwei Runden eine Kimme, je nachdem, wie breit die Seiten werden sollen.

Kimme mit drei

Für eine Runde Kimme nimmt man sechs lange, schlanke Weiden, die mindestens einmal so lang wie der Umfang sind – sie können aber auch etwas länger sein. Man beginnt mit drei Weiden. Die oberen Spitzen werden zusammengelegt und ca. 10 cm gekürzt – sie sind zu dünn, als dass etwas an ihnen befestigt werden könnte.

1 Beginnen Sie, indem Sie je eine Spitze hintereinander in einen Zwischenraum legen.

2 Nehmen Sie die erste Weide und führen Sie diese vor zwei Staken weiter nach rechts, dann hinter einer Stake entlang und dann wieder auf der Vorderseite heraus. Wiederholen Sie diesen Vorgang mit den beiden anderen Weiden.

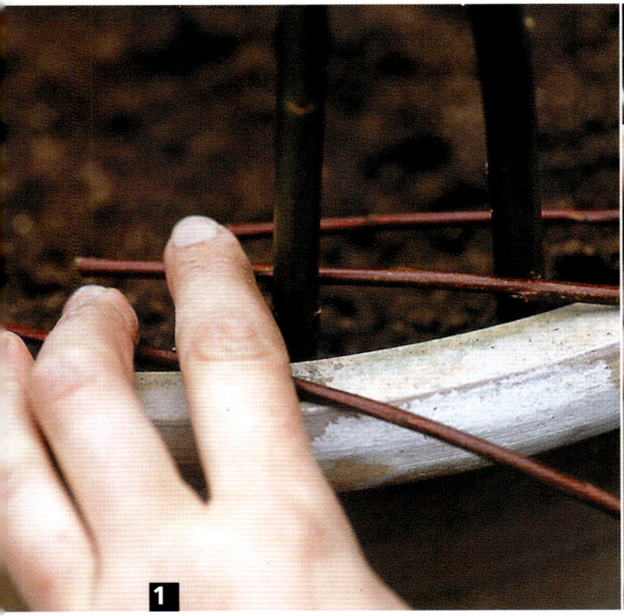
1

2

3

3 Der linke Daumen folgt der Flechtweide, sodass diese schön zum Liegen kommt.
4 Machen Sie so lange weiter, bis die Weide zu unflexibel ist, um mit ihr weiterzuarbeiten. Dann wird sie mit den Wurzelenden (das dickere Ende) dreier neuer Weiden verlängert. Nehmen Sie die neuen Weiden zuerst am oberen Ende zusammen und schneiden Sie dann die Wurzelenden so ab, dass sie die gleiche Stärke haben wie das Ende der drei ersten Weiden. Lockern Sie danach die Wurzelenden etwas längs nach links. So schaffen Sie Platz, die neue Weide in die Öffnung hinter die Stake einzuschieben. Flechten Sie die neue Weide von dort dann vor zwei Staken und hinter eine.
5 Anschließend verlängern Sie dann noch die beiden verbliebenen Weiden wie oben beschrieben. Flechten Sie die Weiden bis zu den Spitzen ein. Dann ist die erste Kimmenrunde fertig.
Die Grundregel: Ein Kimme fängst stets mit den Weidenspitzen an, wird immer dick mit dick verlängert und schließt stets mit den Weidenspitzen ab. Man kann eine Kimme nie mit drei vorstehenden Enden beenden. Die nächste Kimmenrunde kann man an einer beliebigen Stelle beginnen. Die Wurzelenden der zweiten Runde sollten am besten genau über der Stelle abschließen, wo auch die erste aufgehört hat. Rechnen Sie vorher aus, wo Sie mit den Spitzen anfangen, damit Sie an der richtigen Stelle zum Abschluss kommen.

4

5

Rankgerüst Fortsetzung

40-50 cm bevor die Kimme mit spitzen Enden beendet wird, fängt man mit zwei neuen schlanken Weiden das Doppelte Kreuzgeflecht an:

Doppeltes Kreuzgeflecht

1 Beginnen Sie mit den Wurzelenden an der Stelle, an der die Kimme vorläufig abschließt – unter den drei Weidenspitzen, die nun in Ruheposition sind. Beim Flechten von Rankgerüsten fange ich beim Doppelten Kreuzgeflecht ausnahmsweise immer mit den Wurzelenden an, weil es am Boden durch die verhältnismäßig kräftigen Staken den meisten Halt braucht.

2 Flechten Sie nun das Doppelte Kreuzgeflecht, indem Sie immer die Weide nehmen, die am weitesten links liegt. Führen Sie diese vor eine Stake, über die ruhende Flechtweide, hinter eine Stake und dann wieder an der Vorderseite heraus. Wiederholen Sie diesen Vorgang mit der Weide, die nun am weitesten links liegt. Flechten Sie in einem gleichmäßigen Rhythmus schräg nach oben und rund um das Gerüst herum. Bei großen schweren Kübeln ist es am einfachsten, selbst um den Kübel herumzugehen anstatt ihn zu drehen. Verlängern Sie dünn mit dünn und lassen Sie die Weidenspitzen mindestens 40 cm übereinanderlappen, da sich das Geflochtene sonst leicht auflösen kann.

3 Wenn Sie einmal ganz herum sind, flechten Sie die ruhenden Weidenenden der Kimme fertig. Dann sieht es so aus, als wenn das Geflecht aus dem Rand der Kimme „herauswachsen" würde.

4 Falls Sie dick mit dick verlängern müssen, ist das nur von Erfolg gekrönt, wenn Sie das neue Wurzelende genau an der Stelle, an der das alte aufhört, gut und fest einarbeiten.

5 Der Abstand zwischen den einzelnen Staken – und damit die Form des Rankgerüsts – wird durch jeden einzelnen Flechtschlag bestimmt. Wenn Sie also immer im gleichen Abstand flechten, verläuft das Rankgerüst gerade nach oben. Wenn Sie den Abstand vergrößern, neigt es sich nach außen. Ziehen Sie die Weiden hingegen zusammen, neigt sich das Rankgerüst nach innen. Dies sollten Sie auf jeden Fall machen, sobald Sie das Flechtwerk oben abschließen. Beim Kreuzflechten wird die letzte Weide als Teil des Japanischen Auges (siehe nächste Seite) verflochten.

6 Binden Sie alles evtl. zuerst mit Wickeldraht zusammen, sodass Sie die Weiden fest im Griff haben und die Form noch etwas modellieren können, bevor das Auge gebunden wird.

Japanisches Auge

Die Flechtweide wird so vorbereitet, dass die Enden ein paar Mal um die dickste Stelle der Ahle herumgewickelt werden. Dann weiß die Weide, wo es langgeht!

1 Platzieren Sie die Weide so, dass das Wurzelende gegen die Gerüstvorderseite zeigt – es bildet den Mittelpunkt des Auges.

2 Wickeln Sie einmal um die Stakenweiden herum und klemmen Sie das Wurzelende an der Vorderseite ein.

3 Wenden Sie, wickeln Sie noch einmal um die Stakenweiden und klemmen Sie das Wurzelende ein – diesmal von der anderen Seite. Wickeln Sie noch einmal um die Stakenweiden herum.

4 Fahren Sie dann fort, indem Sie das Wurzelende abwechselnd von der einen und anderen Seite einklemmen. Achten Sie darauf, dass die Flechtweide schön platziert wird, wenn Sie um die Stakenweiden gewickelt wird – sie darf sich auch nicht selbst überkreuzen. Auf der Vorderseite des Auges muss die nächste Wicklung immer außen um das Wurzelende herumgehen, also entlang der Seite der vorhergehenden und nicht darüber.

5 Wenn es nur noch 10-20 cm bis zur Spitze sind, wird die Wicklung unter die vorherige Runde eingeflochten. Eventuell müssen Sie mit einer Ahle etwas Platz schaffen.

6 Schneiden Sie das Wurzelende dicht über dem Auge und die Spitze in leichtem Sicherheitsabstand zur Verschlussstelle ab.

Rankgerüst (Fortsetzung)

Am einfachsten ist es, das Weidengerüst etwas rundlich und kugelig zu formen, wenn der Kübel, in dem es steht, eine kegelartige Form hat und die Staken ganz dicht entlang der Seite gesteckt werden. Nach der Kimme flechtet man das Doppelte Kreuzgeflecht, sodass die einzelnen Runden sehr dicht aneinander liegen. Wenn man eine Spitze haben möchte, ist es hingegen umgekehrt. Der Kübel darf dann oben gern wie eine Amphore nach innen geneigt sein. Die Staken werden in einigem Abstand voneinander eingesteckt und die Spiralen sollten hier mehr nach oben hin ausgerichtet sein anstatt ganz rund geflochten zu werden. Alternativ kann man die Staken auch doppelt – zwei und zwei – einstecken und dann mehrere Kübel mit drei oder mehr verschiedenen Höhen gruppieren oder eine ganze Reihe von Rankgerüsten flechten. Das gefällt mir persönlich am besten – ich mag es, wenn sich Rhythmus und Ruhe wiederholen.
Viele meiner Rankgerüste sind aus einer Reifweide (salix daphnoides acutifolia) geflochten. Ich finde die dunkle, fast schwarze Farbe, die sie beim Trocknen und beim „Beschlagen" bekommen, sehr elegant.

Kletterpflanzen sind aufschießende Gewächse, die in den Himmel wachsen. Deshalb ist es wichtig, die Rankgerüste mindestens zwei Meter hoch zu flechten. Hat man zusätzlich Rankgerüste aus Eisen – wie das in der Mitte abgebildete – kann man die beiden gut nebeneinander stellen. Der etwas lebendigere Charakter des Weidengerüstes kommt neben der starren Eisenform sehr gut zur Geltung.

Ein Frühjahrsbote

Die frisch abgeschnittenen Weidenspitzen kann man auf etwas außergewöhnliche Art und Weise dekorieren. So zieht bei Ihnen zu Hause gleich der Frühling ein.

1-2 Stellen Sie die Weidenspitzen in eine Vase. Schneiden Sie die Spitzen so ab, dass sie nur wenige Zentimeter über den Rand herausragen. Füllen Sie die Vase bis fast unter den Rand mit Wasser.

3 Es ist interessant mitzuverfolgen, wie die Wurzeln und Triebe ausschießen. Nach drei oder vier Wochen hat man dann einen wunderschönen hellgrünen Strauß, durchzogen mit einem feinen Netz weißer Wurzeln. Ein Strauß frischer Weidenzweige ist in der dunklen Jahreszeit auch ein schönes Gastgeschenk.

1

2

3

Geflochtene Seile

Wenn man so wie ich ursprünglich aus der Textilbranche kommt, liegt es nahe, das Material Weide mit textilen Arbeitstechniken zu kombinieren.
Die Seile, die ich für Außendekorationen verwende, werden aus halbfrischer oder aufgeweichter und somit ausreichend flexibler Weide geflochten. Sie trocknen dann später in ihrer Form. Anschließend setze ich sie in Blumentöpfe, Balkonkästen und Hochbeete oder in ein anderes Gefäß, das ich gerade so übrig habe. Leider gibt es bei mir davon nicht so viele, da ich mit einem überzeugten Minimalisten zusammenwohne.

Wenn man die Weide zum Seil flechtet, bekommt sie einen ganz neuen Ausdruck und erinnert fast ein bisschen an Leder. Die Herzen sind nur aus zwei Seilen geflochten und in der Mitte an einem Stock befestigt. Ein ausgedienter Krug oder ein Behälter aus Zink eignen sich sehr gut – beide passen hervorragend zu Weiden. Legen Sie ein wenig Moos auf die Blumenerde oder setzen Sie eine Pflanze ein, die dann um das Herz herumwachsen kann.

Ein einzelnes Seil besteht aus vier langen dünnen Weiden; es eignet sich gut die Mandel- (salix triandra) oder die Purpurweide (salix purpurea). Binden Sie die Wurzelenden mit einer Schnur zusammen und befestigen Sie diese fest an einem Haken in der Wand oder an einer Türklinke. Teilen Sie jeweils zwei Weiden zu jeder Seite hin ab (siehe Zeichnung 1) Nehmen Sie die Weide A und führen Sie diese nach rechts unten, zwischen C und D, und dann wieder zurück nach B (siehe Zeichnung 2). Nehmen Sie danach D und führen Sie diese nach links zwischen B und A und dann wieder zurück (siehe Zeichnung 3). Fahren Sie so fort, indem Sie abwechselnd von links nach rechts und umgekehrt flechten.
Wenn alles fertig geflochten ist, bewickeln Sie die Enden mit einem Stück Draht oder schnüren die eine Spitze um die andere.

Flechten Sie so viele Seile wie Sie mögen und lassen Sie diese in Form trocknen, bevor Sie sie zusammen mit der Kletterpflanze in die Erde einsetzen. Es sieht sehr schön aus, wenn man aus vier oder sechs Seilen eine Spitze bildet und eine kleine gefilzte Kugel oben aufsetzt. Oder formen Sie aus neun bis zwölf Seilen ein Fragezeichen ohne Pünktchen. Wenn Sie die Seile kreisförmig zusammensetzen, ähneln sie einer Krone. Fertigen Sie zwei Kronen an und platzieren Sie diese vor Ihrer Wohnungs- oder Haustür. Dann geben Sie Ihrem Zuhause etwas königliches Flair. Wenn Sie zwei Fragezeichen flechten und diese spiegelverkehrt einander gegenüberlegen, entsteht ein Herz, das in einem Übertopf an einem Stock befestigt werden kann (siehe vorherige Seite).
Probieren Sie auch einmal mit acht statt mit vier Weiden zu flechten – gerne auch mit einem Stück Zaundraht in der Mitte (siehe Seite 26). Beim Flechten mit vier Weiden kann es ebenso vorteilhaft sein, ein Stück Zaundraht miteinzuflechten.

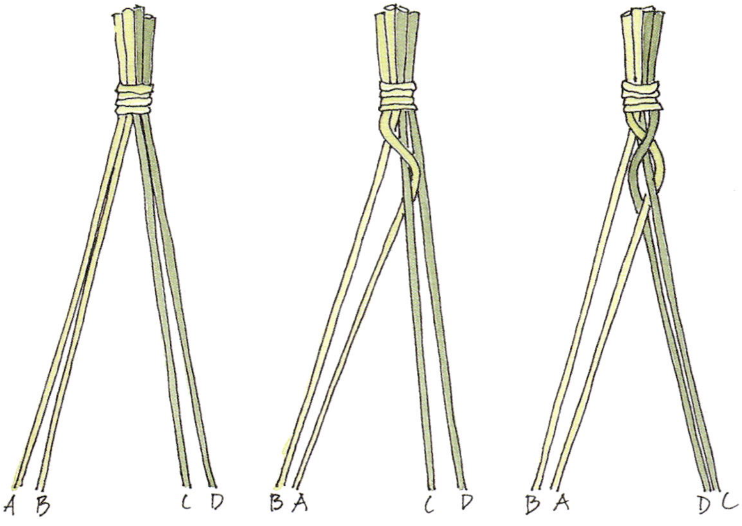

Nehmen Sie acht dünne Weiden und ein Stück 2 mm starken Zaundraht. Die Länge des Drahtes sollte Zweidrittel der Weidenlänge betragen. Nehmen Sie die Wurzelenden mit dem Draht zusammen und befestigen Sie das Bund fest an einem Haken, einem Griff oder etwas Ähnlichem. Der Zaundraht sollte in der Mitte platziert sein (siehe Zeichnung 1). Flechten Sie A nach rechts über den Zaundraht, zwischen F und G nach unten und zurück hinter F und E (siehe Zeichnung 2). Flechten Sie H nach links über den Zaundraht, zwischen C und D nach unten und zurück hinter D und A (siehe Zeichnung 3). Nehmen Sie danach B und flechten Sie nach rechts, im gleichen Rhythmus wie A. Machen Sie dann abwechselnd von rechts und von links weiter.

Auf diese Weise entsteht ein festes vierkantiges Seil mit eingebundenem Draht, mit dem sich eine Figur sehr genau formen lässt. Sie können natürlich auch die gleichen Formen wie vorne beschrieben gestalten oder ein einfach geflochtenes Seil allein in eine Pflanze stellen. Dies geht besonders gut, wenn das Seil aus größeren Weiden etwas fester geflochten ist oder evtl. oben mit einem kleinen wilden Kranz abgeschlossen wird.
Wenn man mit ganz frisch geschnittenen Weiden arbeitet, kann man die Rankgerüste auch wachsen lassen, sodass sie selbst zu grünen Skulpturen im Garten werden.

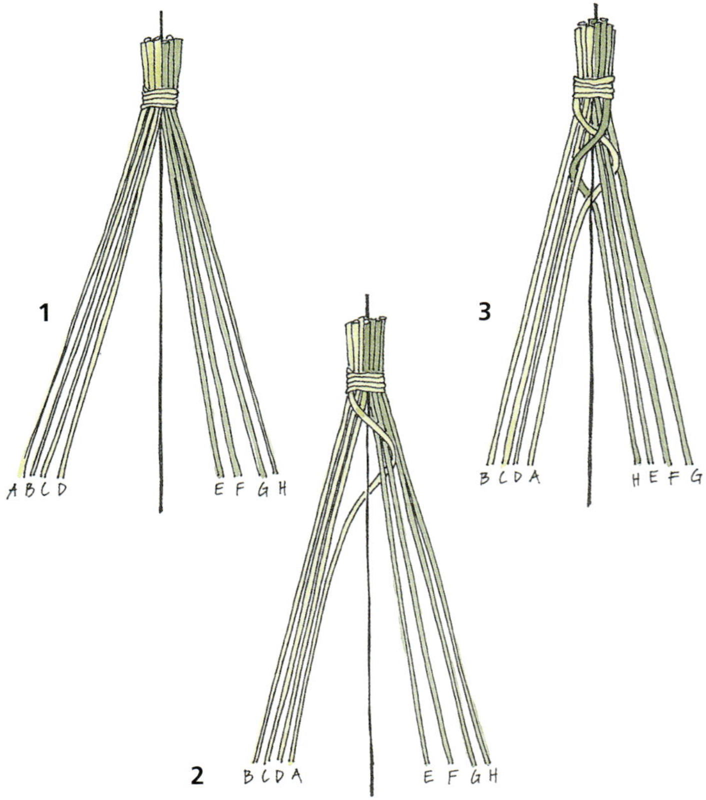

Kräuterbeet

Direkt vor meinem Kücheneingang befindet sich zwischen zwei Betonplatten ein kleines Stück Erde. Es ist ca. 2,5 m breit und 5 m lang. Das Erdstück war vor einigen Jahren einmal ein Kräuterbeet. Aber als ich es übernommen habe, war es so mit Unkraut zugewachsen, dass es unmöglich war, es „sauber“ zu bekommen. Wir haben es deshalb immer nur kurz mit dem Rasenmäher abgemäht.

Zweifelsohne ist ein Kräuterbeet vor der Küchentür aber schöner als eine Rasenfläche. Deshalb habe ich in diesem Jahr beschlossen, dem Beet eine Chance zu geben. Um das alte Unkraut ganz loszuwerden, haben wir das Rasenstück abgetragen und dafür genutzt, einige Löcher auf dem Hof auszubessern. Danach wurde die leere Fläche mit Mulchvlies ausgelegt und anschließend eine Anhängerladung Mutterboden auf die Stellen aufgeschüttet, an denen die Kleinbeete entstehen sollten.

Das Ganze besteht aus acht kleinen Beeten, die um ein Pflanzengerüst in der Mitte gruppiert sind (siehe Zeichnung). Jedes Beet ist von kräftigen, trockenen, ca. 30 cm langen Weiden begrenzt, die in einem Abstand von 15 cm in die Erde gesteckt werden. Zwischen diesen Staken wird vor eine und hinter eine geflochten – die ersten zwei Wurzelenden in die eine Richtung und die nächsten zwei Wurzelenden in die andere Richtung. Auf diese Weise werden die Seiten gleich hoch. Dies ist ein ganz einfaches Flechtmuster mit Purpurweide, welches allerdings von begrenzter Haltbarkeit ist. Das Gerüst in der Mitte hat statt einer Kimme am Boden ein breites Geflecht aus Leinenwebung (siehe Seite 44), das gut zu den Seitenbegrenzungen der Beete passt. Mit einer ungeraden Stakenanzahl ist es am einfachsten, rund herum zu flechten. Ich habe für eine Runde drei oder vier Flechtruten auf einmal verwendet. Während man arbeitet, werden aber laufend neue hinzugenommen.

Vorige Seite: Ein selbstgemachter Zaun wie dieser, der in der Erde steht und im Winter nicht hereingeholt wird, hat eine begrenze Haltbarkeit. Aber das bereitet mir keine Sorgen, sondern inspiriert mich eher, darüber nachzudenken, wie ich das Kräuterbeet in einigen Jahren umsetzen kann.

In den Gängen liegen die Hobelspäne direkt auf dem Mulchvlies. Ich drehe jetzt fast jeden Tag eine kleine Runde durch meinen Garten und zupfe Unkraut. Das ist eine erstaunlich erholsame Beschäftigung. Und da ich kein Pflanzengift verwenden möchte, gilt es, das Unkraut im Keim zu ersticken.

Mobile Zäune

Es ist gut, wenn man die Möglichkeit hat, die „Gartenhilfsmittel" umzustellen – auf jeden Fall solange, bis man sich für einen festen Platz entschieden hat.

Den mobilen Zaun, für den Sie hier gleich die Anleitung finden, kann man im Herbst hereinholen und dann im Frühjahr wieder nach draußen stellen. Die Maße habe ich mit 50 x 20 cm und 70 x 20 cm veranschlagt. Das ist eine Größe, mit der es sich gut hantieren lässt. Aber Sie können die Größe Ihrer Zäune natürlich auch selbst bestimmen.

Schneiden Sie zwei 30 cm und zwei 50 bzw. 70 cm lange Haselnusssträucher zurecht. Die kurzen Stöcke verwendet man senkrecht, während man die langen quer nimmt – um diese werden Sie später herumflechten.

Ritzen Sie wie in Zeichnung 1 gezeigt zwei Fugen in jeden Stock, d. h. jeweils bei 2 cm und 10 cm vom Ende der kurzen Stöcke und 2 cm vom Ende der langen Stöcke.

Legen Sie die langen Stöcke über die kurzen, sodass sie ein Rechteck von ca. 20 x 50 bzw. 70 cm ergeben. Die kurzen Stöcke, die später in die Erde gesteckt werden, befinden sich ganz hinten. Halten Sie die Stöcke evtl. mit etwas Wickeldraht zusammen und flechten Sie viermal über Kreuz (siehe Zeichnung 2).

Wählen Sie 6-7 mm starke und 60 bzw. 80 cm lange Weidenruten für die Staken aus. Legen Sie diese paarweise oben auf die senkrecht liegenden Stöcke – sie sollten lose aufliegen, bis sie eingeflochten werden. Flechten Sie nun eine Reihe Doppeltes Kreuzgeflecht wie auf Seite 46 beschrieben: Fangen Sie außen auf der Längsseite an (siehe Zeichnung 3), wechseln Sie dann in die Leinenwebung (siehe Seite 44) und füllen Sie das Gerüst mit diesem Geflecht aus. Schließen Sie dann mit einer Reihe Doppeltes Kreuzgeflecht ab und schneiden Sie glatt.

Da es sich hier um ein rustikales Flechtwerk handelt, sieht eine möglichst kräftige Weide besonders gut aus.

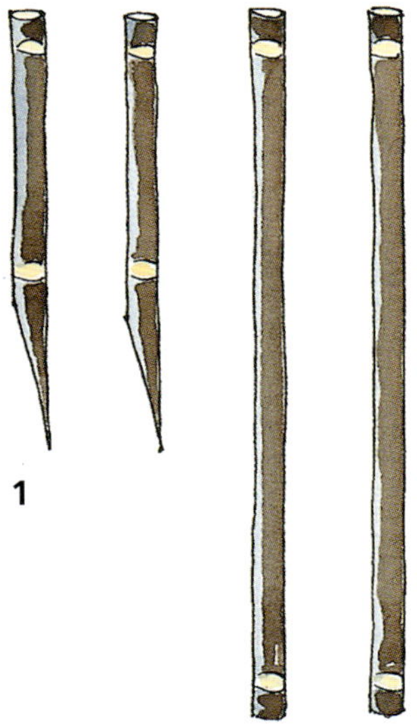

1

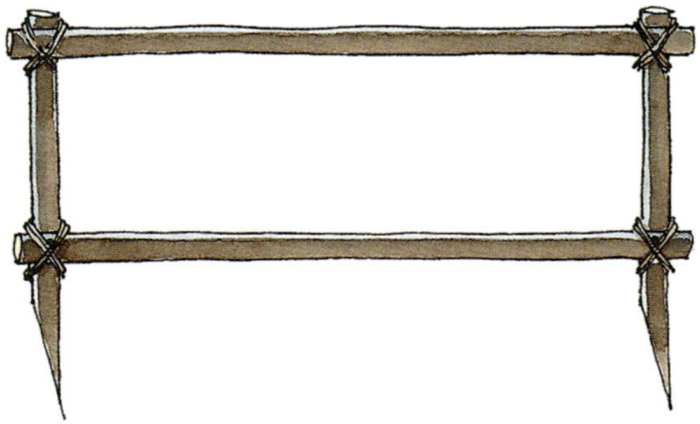

2

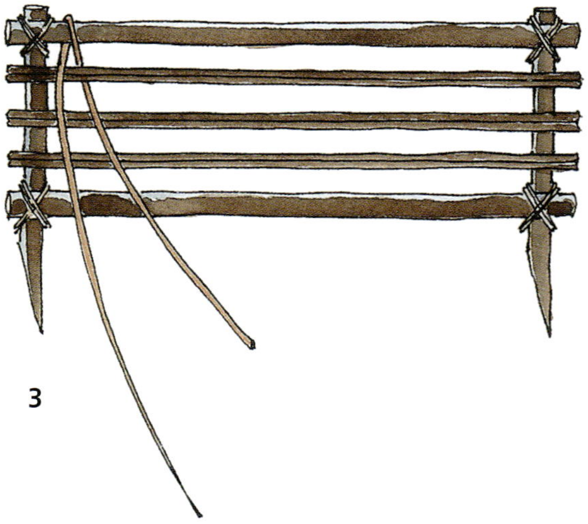

3

Der mobile Zaun hilft im Sommer, Ordnung entlang der Wege und in den Beeten zu halten. Er hat außerdem den Vorteil, dass er im Herbst hereingeholt werden kann, wenn der Garten aufgeräumt wird. Das verlängert die Haltbarkeit der Weiden ungemein.

Flechten mit Resten

In Vissinggard südlich von Silkeborg, wo ich ab und zu hinfahre, um mehr von anderen erfahrenen Weidenflechtern zu lernen, steht ein Fahrradschuppen. Der Schuppen ist alt und morsch, aber ich finde, dass er gerade so schön aussieht. Seit ich ihn das erste Mal gesehen habe, habe ich mir immer einen in dieser Art gewünscht.
Der Schuppen ist in der dicken und wunderbaren „Wursttechnik" geflochten, die hierzulande besonders durch Klaus Titze bekannt wurde. Er flechtet die Kimme aus dicken Würsten; ich begnüge mich damit, das Doppelte Kreuzgeflecht zu flechten. Das ist nicht ganz so stabil, aber trotzdem sehr solide.
Es gibt unendlich viele Weidenarten, mit denen man diese Technik flechten kann, aber in diesem Jahr ist es mir endlich geglückt, ausreichend aussortiertes Flechtmaterial mit etwas Reisig daran in einer Länge von 150-220 cm zu sammeln. So brauchte ich nicht auf Flechtweiden der „ersten Wahl" zurückzugreifen.

Zaun

Beginnt man mit einem Zaun, kann man nach oben hin fast immer übrig gebliebene, eingeweichte Weiden verflechten. So wandern sie nicht in den Abfall, wo ich sie sehr ungern hingebe. Ich habe einen Zaun geflochten, der die alte Badewanne in den Brenneseln verdeckt. Schlagen Sie 4-5 cm dicke Pfosten in einem Abstand von 20-25 cm in die Erde (siehe Abbildung). Jeder vierte Pfosten kann evtl. durch stabile dreijährige lebende Weidenstecklinge ersetzt werden, sodass ein Weidenbaum aus dem Zaun heraus wächst. Geflochten wird von der Vorderseite des Zaunes aus im Doppelten Kreuzgeflecht (siehe Seite 18/19) mit Bündeln aus sechs bis acht Weiden – für die ersten zwei Flechtschläge nimmt man allerdings nur vier bis fünf Weiden. Es ist vorteilhaft, wenn die Weidenbunde so zurechtgelegt werden, dass sie aus jedem Zwischenraum ausstrahlen. Dann hat man sie später gleich am richtigen Platz zur Hand. Man fängt im dritten oder vierten Zwischenraum mit den Wurzelenden der Weidenbunde an.

Wurstgeflecht

Es gibt einen sehr schönen Effekt, wenn man das Doppelte Kreuzgeflecht hin und zurück flechtet. Dann sieht es aus wie große Ketten, die übereinander liegen.
Jeder Flechtschlag wird mit sechs bis acht Flechtweiden verlängert. Gleichzeitig dreht bzw. windet man mit jedem Flechtschlag das ganze Bündel von sich selbst weg. Man kann evtl. die ruhende Windung mit dem Fuß festhalten, bis sie durch die nächste „Wurst" von Flechtweiden an ihren Platz geschoben wird. Wenn man am Ende wendet, werden die Weiden eng um die Außenpfosten gelegt und dann im gleichen Rhythmus zurückgeflochten. Am besten sieht es aus, wenn die Wurzelenden auf der Rückseite liegen.
Der Zaun wird zwischendurch mit einem vorsichtigen, aber ordentlichen Tritt festgestampft. Dann flechtet man bis zur gewünschten Höhe weiter. Die herausragenden Spitzen werden in das Geflecht hineingewoben und dann glatt geschnitten.

Die ersten langwierigen Runden des Zaunes sind bereits fertig. Sobald man in Kniehöhe kommt, wird das Flechten angenehmer. Beachten Sie die Bunde, die auf dem Rasen bereit liegen. Dies ist eine Vorbereitungsmaßnahme, die Ihre Arbeit sehr erleichtern wird.

Der Zaun kann natürlich auch rund geflochten und für andere Zwecke verwendet werden – z. B. als Kompostbehälter, als Hochbeet oder als Baumbank (siehe Seite 36/37).
In das Vergnügen, einen solchen Zaun erneut zu flechten, kommt man schneller als man denkt, da die Weide verhältnismäßig schnell morsch wird und der Zaun dann wieder abgerissen werden muss. Dies liegt u.a. daran, dass die dünnen, waagerecht liegenden Weiden sehr viel Wasser und Feuchtigkeit in der Rinde speichern, die nicht ablaufen können.

Dieser stabile Zaun ist bedeutend schöner anzusehen als die Badewanne oder der Steinhaufen, die jetzt beide verdeckt sind. Ich habe bereits damit angefangen, mich nach anderen Ecken im Garten umzusehen, die verschönert werden könnten, wenn nach der Ernte im nächsten Jahr die Weiden wieder sortiert sind.

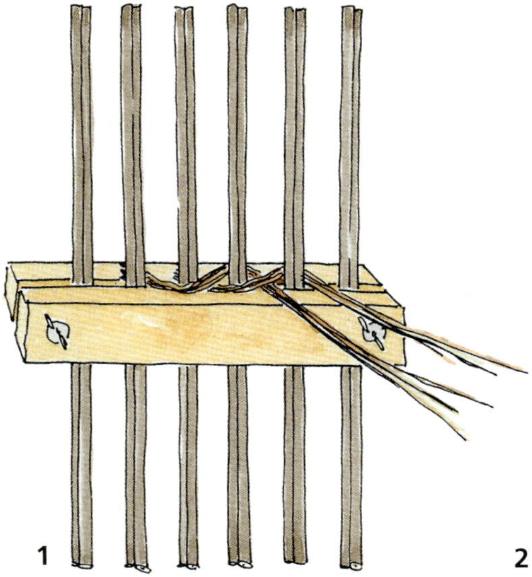
1

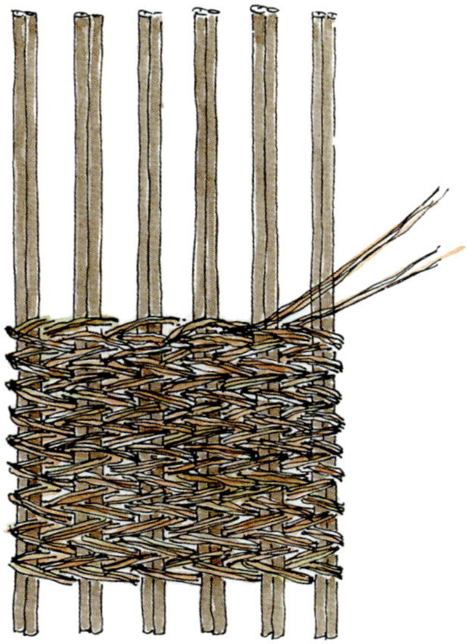
2

Rustikale Tabletts

Mich hat der große Sichtschutzzaun so inspiriert, dass ich das Flechtmuster auch für rustikale Tabletts (Maße: 28 x 48 cm) verwendet habe. 12 Flechtweiden werden paarweise zwischen zwei Holzstücken befestigt (siehe Zeichnung 1). Dann wird wie bei dem Sichtschutzzaun das Doppelte Kreuzgeflecht geflochten, allerdings mit Bündeln aus drei bis vier dünnen Flechtweiden. Diese werden von der Mitte aus zu einem Ende hin geflochten, danach werden die Holzstücke entfernt (siehe Zeichnung 2). Das andere Ende wird dann dementsprechend geflochten. Dabei sollte man darauf achten, die Breite einzuhalten.
Ich benutze die Tabletts, um Kaffee zu servieren oder Brot zu reichen. Sie eignen sich aber auch wunderbar als Sitzunterlage.

Bei den Tabletts gibt es viele Möglichkeiten, mit den Farben zu spielen. Die Staken, die umflochten werden, sollten am besten trocken sein, damit sich beim Flechten die Form nicht verändert.

Wenn man möchte, kann man das Tablett auch als Boden für einen viereckigen Korb verwenden. Flechtet man ihn mit flachen Seiten, kommt das schöne Kettenmuster immer noch zur Geltung.

Baumbank

1-6 An einem Frühjahrstag habe ich mit den Vorbereitungen für eine Baumbank angefangen. Um das Unkraut fernzuhalten, wurde das Rasenstück um den Baum herum im gewünschten Radius abgetragen und die Erde mit Mulchvlies bedeckt. Der Abstand zwischen der Sitzfläche und dem Stamm muss so berechnet werden, dass der Baum genug Platz hat, in die Breite zu wachsen. Man sollte darauf vorbereitet sein, dass es evtl. Probleme mit den Baumwurzeln geben kann; besonders dann, wenn die Pfosten der Basiskonstruktion nah am Stamm eingeschlagen werden. Ich habe das Doppelte Kreuzgeflecht aus Bunden zu je sieben bis neun Weiden geflochten und jeweils ein neues Bund in die Zwischenräume eingelegt.
Drehen Sie die Flechtweiden von sich weg, wenn Sie den Flechtschlag ausführen – Sie brauchen dazu viel Kraft in den Armen. Weil Sie rund flechten, entsteht ein anderes Muster als beim Sichtzaun. Wenn die Bank die richtige Höhe hat, schließt man die Flechtarbeit ab, indem man die Weidenspitzen unterhalb der vorherigen Reihe einsteckt.
Man kann das Farbenspiel der Weiden von rot bis grün nur für eine begrenzte Zeit genießen, denn im Laufe des Sommers wechselt die Bruchweide, die hier verwendet wurde, ihre Farbe in tiefes Kakaobraun.

Zusammengebundene Reste

Die Reste (Weiden, die kürzer als 150 cm sind), die beim Flechten des Zaunes und der Baumbank übrig geblieben sind, habe ich als Sichtschutz für unsere Terrasse in Bunde zusammengewickelt. Jedes Bund besteht aus mindestens 50 Weidenruten – je dicker die Bunde, desto schöner der Sichtschutz. Jede Weide wird auf 110 cm Länge geschnitten und das Bund wird so zusammengelegt, dass es an beiden Enden gleich dick ist.

Wicklung

1-5 Anschließend steckt man an zwei Stellen das Wurzelende einer Flechtweide durch das Bund hindurch. Wickeln Sie es drei- bis viermal fest um das Bund herum und führen Sie die Spitze der Weide von der Unterseite wieder durch das Bund – eine Ahle kann dabei hilfreich sein. Auf der Vorderseite wird die Spitze der Weide zweimal um die Wicklungen gedreht und dann zwischen die übrigen Enden gesteckt, wo sie abgeschnitten wird. Ziehen Sie kräftig am Wurzelende und schneiden Sie es so ab, dass es fast ganz in der Bewicklung verschwindet. Auf diese Weise ist die Verschlussstelle fast unsichtbar.

Der Zaun wird errichtet, indem man auf beiden Seiten der Pfosten je eine Öse auf der Höhe der unteren Wicklungen befestigt. Der Abstand sollte maximal 1,5 m betragen. Ziehen Sie einen starken Stahldraht in die Öse und reihen Sie die Bunde auf dem Stahldraht mit einer Ahle oder einem Schraubenzieher auf; so schaffen sie zwischen dem Bund direkt unter der Wicklung Platz. Die Bunde stützen sich gegenseitig. Da sie auf der Erde stehen ist diese Konstruktion verblüffend stabil. Wenn der Zaun so lange wie möglich halten soll, kann man ihn im Winter einfach hereinholen. Dazu braucht man nur den Stahldraht aus der Öse zu nehmen und den Zaun zusammenzurollen.

Weide zum Anfachen

Will man die Weiden voll ausnutzen, kann man aus den Resten vom Korbflechten kleinere Bunde zum Feueranfachen zusammenbinden. Ich schneide die Weiden wahllos in einen Bottich, bis ich ungefähr eine handvoll zusammenhabe. Dann wird das Ganze wie in der Zeichnung dargestellt mit einer Weide zusammengebunden.

Bis auf das letzte Stückchen ausgenutzt. Ein Feuer oder ein Ofen kommen mit ein paar Anfachbunden aus Weide gut in Gang. Wenn man gar nichts zum Anfachen hat, sind die Bunde auch einfach als Dekoration sehr schön.

Flechten auf Baumstümpfen

Die Technik des Weidenflechtens kann man gut mit dem Material Holz kombinieren. Dadurch werden die Projekte ausdrucksstärker und kontrastreicher. Der Anfang ist schnell gemacht, da man sich keine Gedanken darüber machen muss, wie der Boden geflochten wird. Trotzdem kostet es mich an manchen Tagen echte Überwindung, meine Bohrmaschine herauszuholen. Das liegt vielleicht daran, dass alles unwiderruflich ist, wenn die Löcher erst einmal gebohrt worden sind. Auf der anderen Seite weiß man dann, dass es nicht schwierig ist, mit einem Flechtprojekt zu beginnen.

Stühle aus Baumstümpfen

In einem Kurs im Herbst waren die Teilnehmer aufgefordert, Strandgut oder andere außergewöhnliche Sachen mitzubringen. Dabei kamen die lustigsten Dinge zu Tage. Manche hatten das Glück, viele „ausgewaschene" Holzstücke zu finden. Dass kann zeitweise ziemlich schwierig sein, aber früh am Morgen nach einen Sturm findet sich in der Regel immer etwas. Eine Person hatte Wurzelstöcke von Hagebutten dabei. Die hatten die wunderschönsten krummen Formen und eigneten sich vorzüglich als Henkel. Unter der rauen Rinde waren sie weich und weiß. Welch ein Schatz! Die letzte Teilnehmerin hörten wir bereits, bevor wir sie sehen konnten. Sie stöhnte und prustete draußen auf dem Flur und stolperte dann mit dem großen Stumpf einer Ulme herein, bevor sie sagte: „Ich hatte gerade kein Strandgut parat. Deshalb habe ich mir gedacht, dass ich eine Rückenlehne für diese vier hier flechte. Für die Kinder im Sandkasten."

Gesagt, getan. Mit großem Elan legte sie mit Bohrmaschine, Leim und kräftigen Staken los. Das hat die anderen Teilnehmer des Kurses dermaßen inspiriert, dass einige bei Nacht und Nebel zu Hause noch einen größeren Baumstamm aus ihrem Brennholzstapel herausgezogen haben. Mit dem kamen sie dann am nächsten Morgen zum Kurs. Ein beflochtener Baumstumpfstuhl eignet sich sehr gut als Anfängerprojekt. Man erhält in einer verhältnismäßig kurzen Zeit ein solides, nützliches und persönlich erfüllendes Resultat. Man braucht auch nicht zwangsläufig darüber nachzudenken, Ecken zu flechten. Davor haben die meisten oft Angst. Man kann sich vielmehr darauf konzentrieren, die Weide als Material kennen zu lernen und sich mit dem Flechten an sich – mit nur einer Weide und nicht mit mehreren gleichzeitig – vertraut zu machen. Der Baumstumpfstuhl eignet sich auch gut als Anfängerprojekt für Kinder unterschiedlichen Alters. Wenn man jemanden kennt, der jeden Tag in den Wald fährt und Holz sammelt, kann man vielleicht mitgehen und sich seinen Stuhl selbst sägen. Nach Ausbruch des Ulmensterbens ist es nämlich nicht mehr so problematisch, Material zu finden. Man sollte vorzugsweise Laubhölzer verwenden, da sie nicht harzen. Aber sorgen Sie dafür, dass Sie die Stümpfe bekommen, bevor diese zu Kleinholz zerhackt und säckeweise am Wegesrand verkauft werden. Die Stümpfe sollten eine Höhe von 25 bis 45 cm haben. Der Durchmesser hängt ganz davon ab, wie groß die Person ist, die darauf Platz nehmen soll.

Es ist gut, wenn Sie beim Sägen eine erfahrene Person dabei haben. Es erfordert nämlich einen gewissen Rhythmus, die Säge gut hin und her zu führen, ohne dass sie stecken bleibt. Die hier abgebildete abgestorbene Ulme wurde vorher mit einer Motorsäge gefällt.

Sie beginnen mit dem Projekt, indem Sie den Baumstumpf in Augenschein nehmen – welche Seite ist am besten gesägt? Neigt sich der Stumpf ein wenig, so kann man das ausnutzen und vorher die bequemste Sitzhaltung ausprobieren. Es ist am besten, wenn sich der Stumpf zur Rückseite neigt, da man sonst das Gefühl bekommen kann, dass man aus dem Stuhl herausrutscht. Nehmen Sie eine kräftige und stabile Weide für die Rückenlehne. Sie soll ja halten, wenn man sich zurücklehnt. Besonders gut eignet sich dafür die Bruchweide. Die Staken sollten mindestens 10-12 mm dick sein und mit einem Abstand von 5 cm im Boden stehen. Falls man gerade keine entsprechend dicken Weidenstaken zur Verfügung hat, kann man als Alternative auch doppelte Löcher in den Stumpf bohren und dann jeweils zwei Staken als Paar dicht nebeneinander stellen. Der Zwischenraum zwischen den Staken (Mitte) sollte das Fünf- bis Sechsfache der Stakenstärke betragen.

Bohren Sie die Löcher in der Stärke, die die Weiden haben, ca. 7-8 cm tief und mit etwas Neigung. Hier wird bereits der Winkel für die Rückenlehne festgelegt. Die Rückenlehne sollte sich – damit sie bequem ist – am besten nach außen neigen. Es ist vorteilhaft, gegenüberliegend auf jeder Seite zwei Löcher zu bohren. Dann hat man zwei Weiden, an denen man „wenden" kann; dadurch werden die Seiten stabiler.

Füllen Sie Leim in die Löcher. Ich verwende gewöhnlichen Holzleim, obwohl dieser bei feuchtem Wetter nicht bindet. Man kann natürlich auch wasserfesten Leim verwenden, aber ich finde, dass man Stuhllehnen von Zeit zu Zeit gern erneuern kann. Sie werden ein paar Sommer halten, aber nicht ewig. Der Stumpf hingegen hält viel länger. Nehmen Sie die oberen Enden der Staken zusammen und schneiden Sie sie so zu, dass sie zum Flechten einheitlich sind und in die Löcher passen. Drücken Sie die Staken gut in den Stuhlsitz hinein. Denken Sie daran, dass die Weide eine Bauch- und eine Rückenseite hat. Machen Sie sich dies zunutze, indem Sie die Rückenseite zur Vorderseite des Stuhles drehen. Auf diese Weise ergibt sich ganz natürlich ein schräger Winkel für die Rückenlehne. Wischen Sie den überschüssigen Leim weg. Jetzt können Sie mit dem Flechten beginnen.
Ich flechte in der Regel die normale Leinenwebung (siehe Seite 44) mit einer Weide, aber Sie können natürlich auch eine der anderen Flechttechniken anwenden, die in diesem Buch beschrieben werden. Das „Wurstgeflecht" (siehe Seite 32) gibt beispielsweise eine sehr schöne dicke Rückenlehne. Gut mit Mustern und Farben spielen kann man dagegen, wenn man im Achter-Geflecht um die Staken flechtet.

Gegenüberliegende Seite: Schnell hat man eine ganze Stuhlfamilie zusammen. Wenn man einmal angefangen hat, möchte man gar nicht aufhören. Ist man mit einem Stuhl fast fertig, stellt man sich bereits vor, wie der nächste aussehen soll.

Die Leinenwebung und der Flechtgriff

Stellen Sie sich hinter die Rückenlehne und nehmen Sie einige Flechtweiden. 120-140 cm lange, schlanke Weiden eignen sich am besten. Nehmen Sie eine der dünnsten für die erste Reihe, dann ist es am einfachsten, die Staken schön zum Stehen kommen zu lassen. Legen Sie die Weide von der Rückseite des Stuhles aus in den dritten Zwischenraum von links. Flechten Sie nach rechts vor eine Stake und dann hinter eine Stake, wie in Zeichnung 1 gezeigt. Machen Sie so weiter, bis sie zur Randstake kommen. Wenden Sie die ganze Zeit über den Flechtgriff an: Halten Sie immer den linken Daumen auf Ihrer Flechtweide, und zwar genau an der Stelle, an der diese eine Stake nach vorne weitergeführt wird. Die Stake wird von hinten vom Zeige- und Mittelfinger der linken Hand gestützt. Dies bewirkt, dass Sie fest flechten, weil die Weide nicht nach hinten heraus geschoben werden darf. Dadurch würde das Flechtwerk sehr lose und ungleichmäßig werden.

Der linke Daumen ist fast der wichtigste Finger beim Flechten, weil er für ein festes und gleichmäßiges Resultat sorgt.

Es ist also ein gutes Zeichen, wenn Ihnen gerade dieser Finger weh tut. Daran merken Sie, dass er seine Arbeit gut gemacht hat.

Alle Projekte in diesem Buch können selbstverständlich auch in die andere Richtung geflochten werden – also nach links – falls Ihnen dies angenehmer ist.

Wenn Sie bei den Randstaken angekommen sind, ist es wichtig, die Weide weich um die Stake herumzulegen, ohne dass sie einen scharfen Knick bekommt. Das würde ihr etwas von der Spannung nehmen und man könnte sich an ihr außerdem an den nackten Beinen verletzen. Nehmen Sie die Weide hoch und drehen Sie diese in einem schnellen Bogen herum, indem Sie gleichzeitig die Seitenpfosten (die zwei Weiden, die nah beieinander stehen) als Drehpunkt nehmen. Dabei geht der linke Daumen mit. Dann flechtet man zurück. Achten Sie darauf, die Außenstaken nicht mit nach innen zu ziehen, sondern den Abstand im äußeren Stakenzwischenraum beizubehalten.

Flechten Sie hin und zurück bis die Weide zu kurz ist. Lassen Sie das Ende an der Rückseite auslaufen und nehmen Sie dann eine neue Weide. Stecken Sie das obere Ende genau in den Zwischenraum, in dem das Ende der vorherigen an der Rückseite herausragt, und führen Sie es an der Rückseite wieder heraus (siehe Zeichnung 2). Achten Sie darauf, dass die Verlängerungen an unterschiedlichen Stellen der Rückenlehne platziert werden, damit die auslaufenden Weidenenden möglichst wenig auffallen. Es wird in der Regel dünn mit dick verlängert, manchmal aber auch dick mit dick oder dünn mit dünn – dann sollten sich die Weidenspitzen ein paar Flechtschläge überlappen. Ab und zu kann es nämlich vorkommen, dass man immer mit einer dünnen Weide auf einer Seite wendet. Das kann man sich dann bei der Verlängerung zunutze machen.

1

2

Am besten ist es, die Weide so gut und fest einzuarbeiten, dass man die Rückenlehne nicht beklopfen muss. Wenn man allerdings den Eindruck hat, dass das Flechtwerk zu lose ist, kann man zwischendurch in jeden Zwischenraum einmal bestimmt und kräftig mit dem Klopfeisen zuschlagen. Passen Sie dabei aber auf, dass Sie die Weiden nicht beschädigen. Bei kleinen Projekten ist das Schlagen nicht notwendig.
Wenn Sie beim Aufwärtsflechten das Gefühl haben, dass die Staken zu dünn sind, können Sie längs neben den bereits vorhandenen noch zusätzliche einarbeiten. Das kann zudem auch noch sehr dekorativ aussehen.

Sie können natürlich beim Flechten auch mit den Farben spielen und gestreifte Stühle flechten, indem Sie verschiedene Weidensorten verwenden.
Wie auf dem Bild auf Seite 43 zu sehen ist, kann man mit dem Achter-Geflecht sehr schöne Variationen um ausgewählte Staken herum erzielen. Diese Technik wird auf Seite 65 unter „Vogelhäuschen" beschrieben.
Flechten Sie bis zur gewünschten Höhe. Einige möchten vielleicht nur eine Lendenstütze, während sich andere einen ganzen Ohrensessel wünschen. Es sollte mich auch nicht wundern, wenn eines Tages jemand einen Stuhl mit Sonnendach flechtet.

Es macht Spaß, mit anderen zusammen zu flechten, obwohl man meist so konzentriert ist, dass man das Reden ganz vergisst.

Das Flechtwerk für die Stühle kann man entweder mit einer Runde Doppeltes Kreuzgeflecht (siehe Seite 18/19) beenden oder eine andere Form für Bogenabschlüsse wählen (siehe nächste Seite).

Abschluss mit Doppeltem Kreuzgeflecht vor dem Abschneiden der Staken

Nehmen Sie eine Flechtweide und platzieren Sie diese so in den ersten Zwischenraum, dass die eine Hälfte auf der Vorderseite und die zweite auf der Rückseite liegt. Führen Sie die Hälfte, die auf der Rückseite liegt, um die Randstake herum (evtl. aus zwei Staken bestehend) und dann hin zur Vorderseite (siehe Zeichnung 1). Führen Sie diese weiter vor die Randstake, hinter die folgende Stake und wieder in den nächsten Zwischenraum (siehe Zeichnung 2).

Nehmen Sie nun die linke Flechtweide, führen Sie diese vor eine Stake, hinter eine Stake und dann in den nächsten freien Zwischenraum.

Führen Sie danach die linke Flechtweide hinter die Randstake, fest um diese herum und dann unter sich selbst hindurch in den letzten Zwischenraum (siehe Zeichnung 3 und 4). Die Flechtweide, die jetzt noch übrig ist, ruht auf der Randstake, wo sie dann abgeschnitten wird.

Bogenabschlüsse

Hier sind der Phantasie keine Grenzen gesetzt und ich erlebe oft, dass sich der Stuhl ganz anders entwickelt, als ich es mir vielleicht vorher überlegt hatte. Er bekommt dann einen Abschluss, den ich mir so gar nicht vorgestellt hatte. Das alles ist bei jeder Rückenlehne anders. Neulich war ich in einer Schule, in der ca. 120 Kinder (4.-6. Klasse) Baumstumpfstühle geflochten haben. Ich kann mit Bestimmtheit sagen, dass keiner der Stühle dem anderen glich.

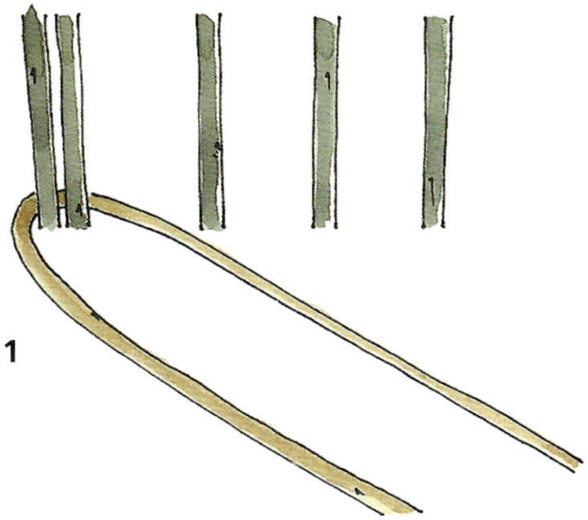

1

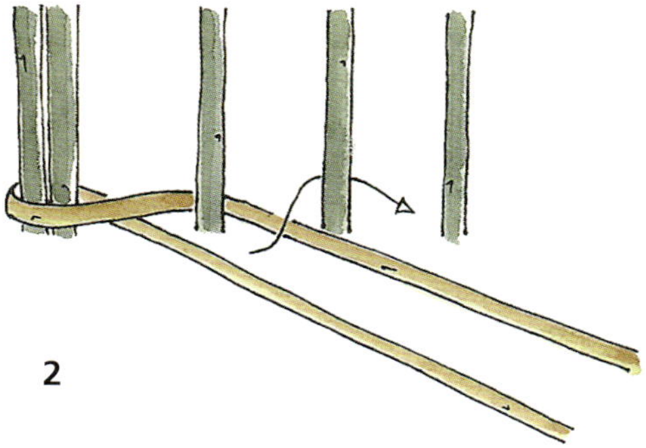

2

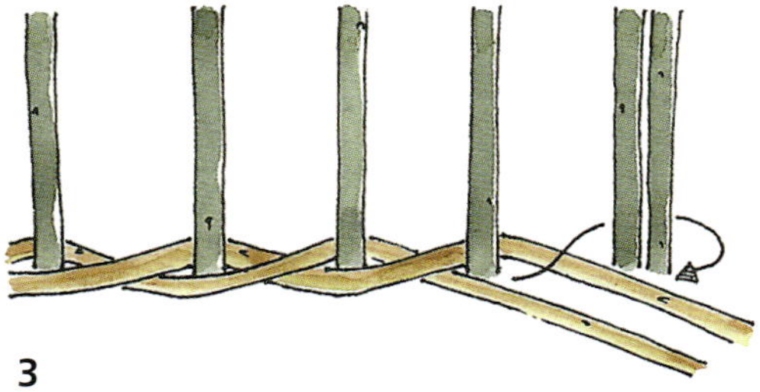

3

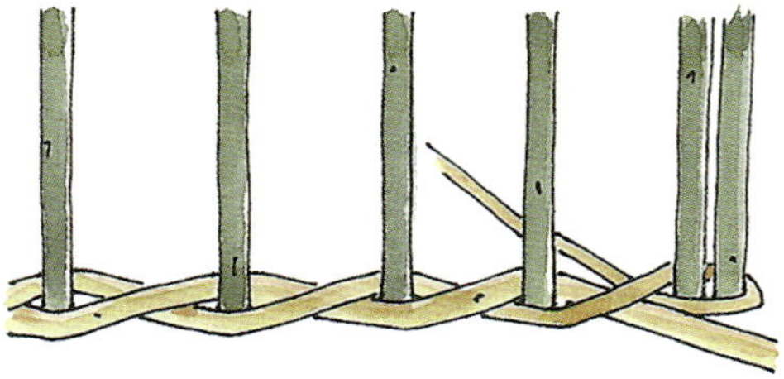

4

Beachten Sie die Wicklung der gedrehten Weide; sie hält die ruhende Weide in Position.

Es war sehr spannend und inspirierend zu beobachten, wie sehr die Kinder bei der Sache waren. Jeder einzelne Stuhl bekam auf diese Weise seine eigene persönliche Prägung.
Man kann die Staken z. B. über einen kräftigen Ast runden. Schneiden Sie diese von oben aus gesehen auf 25 cm und führen Sie sie zur übernächsten Stake. Dadurch entstehen weiche Bögen, die sich überlappen und so einen Spitzenrand bilden (siehe Zeichnung 1).
Sie können auch die zwei oder drei mittleren Staken ein paar Zentimeter über dem Flechtwerk abschneiden (siehe Zeichnung 2).
Danach schließt man jede Seite nacheinander ab. Nehmen Sie die äußerste Randstake der einen Seite und führen Sie diese zu der gegenüberliegenden Randstake, wo sie zurechtgeschnitten und so eingearbeitet wird, dass sich ein weicher Bogen bildet.
Verfahren Sie ebenso mit den anderen Randstaken. Man arbeitet die Rückenlehne fertig, indem man abwechselnd eine Weide von jeder Seite nimmt und diese entsprechend vor oder hinter der Rückenlehne windet.
Die Weiden laufen dann an den Seiten aus (siehe Zeichnung 3). Flechten Sie solange weiter, bis alle Staken in den dicken Kranz eingebunden sind. Dieser bildet nun eine bequeme Rückenlehne (siehe Abbildung auf der gegenüberliegenden Seite). Schneiden Sie dann glatt. Sie können diese Flechttechnik auch anwenden, ohne die mittleren Staken abzuschneiden. Gern können Sie sich auch ganz andere Varianten überlegen.

1

2
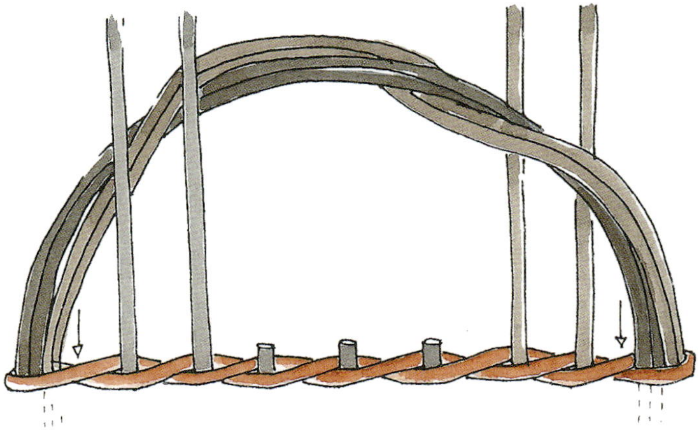

3
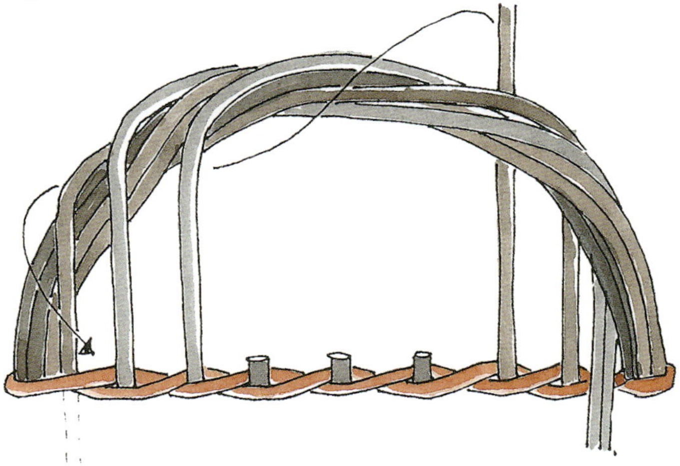

Der Sonnenschirm, der locker im Loch eines Baumstumpfes steckt, wurde auf dem Holz einer Fichte (oberes Ende) geflochten. Er besteht ganz aus Doppeltem Kreuzgeflecht (siehe Seite 18/19). Während des Flechtens wurde er nach Bedarf mit zusätzlichen Staken verlängert. Den Abschluss bildet ein schlichter Rand wie auf Seite 56 beschrieben.

Möbel für Teddybären

Teddys Möbel sind nach dem gleichen Prinzip wie die Baumstumpfstühle geflochten. Sie sind bloß kleiner, sodass der Teddy einen Stuhl, ein Sofa und ein Bett bekommen kann, wenn man Stümpfe in den passenden Formen findet.

Flechten Sie auch ein paar zusätzlich Stühle, damit alle Gäste Platz finden. Für diese kleinen Möbelstücke kann man fast alle Weidenarten für die Staken verwenden. Aber es ist wichtig, dass sie stabil genug sind, damit man mit den Möbeln auch spielen kann.

Eine Stakenstärke von 5 mm ist ausreichend und wenn die Flechtweiden fein und dünn sind, kann der Abstand zwischen ihnen auch nur 2 cm betragen. Es ist wichtig, dass das Verhältnis zwischen Staken und Flechtweiden stimmig ist, damit die Flechtweiden nicht stärker als die Staken sind.

Gegenüberliegende Seite: Teddy-Möbel flechten ist eine überschaubare und richtig vergnügliche Arbeit. Da können auch gern die Kinder mithelfen, besonders dabei, die Staken gut festzuhalten, bis sie fest im Stumpf sitzen.

Hocker

Zu diesen Hockern wurde ich inspiriert, als ich einmal lernte, eine „Hühnerbrücke“ zu flechten. Bei diesem Projekt hier sind es aber keine Hühner, die das Vergnügen haben, auf ihnen zu sitzen und zu gackern. Wenn man die Staken paarweise in dem angegebenen Abstand (siehe Zeichnung) zusammensetzt, lässt sich ein so stabiler Hocker flechten, dass ein Erwachsener auf ihm sitzen kann. Denken Sie daran, die Staken so umzudrehen, dass sie abwechselnd dick und dünn in der Erde stehen. Man braucht sechs Paar sehr kräftige Staken. Dann wird die „Leinenwebung“ (siehe Seite 44) geflochten. Ich habe dort ein paar „Brücken“ platziert, wo die Sonne untergeht. An der Stelle fügen Sie sich gut in das Gesamtbild des Gartens ein.
Wie man auf der Abbildung sehen kann, ist das obere Flechtwerk nicht ganz ausgefüllt: zum einen, weil es sehr schwierig ist, es gleichmäßig zu gestalten und zum anderen, weil es so auch sehr dekorativ ist.
Ich verwende sehr oft die „Leinenwebung“, da ich fasziniert davon bin, wie schön und einfach diese Flechtmethode ist. Doch selbst die einfachsten Techniken sollten handwerklich gut ausgeführt werden. Man braucht ein wenig Geschick, damit das Flechtwerk individuell und gleichmäßig wird. Es sieht auch gut aus, wenn man es mit anderen Flechttechniken kombiniert.
Wenn man seinen Hocker auf einer rustikalen Baumplatte (üblicherweise 3-4 cm dick und ganz schmal) flechtet, hat man, mit einem Rad unter der Platte, ein richtiges kleines Möbelstück. Die Jüngsten in der Familie werden es als ihr ganz eigenes persönliches Transportmittel betrachten, während die älteren Familienmitglieder vielleicht ein warmes Lammfell darüber legen werden. So hat man dann einen mobilen Fußschemel, auf dem man seine müden Beine ablegen kann.

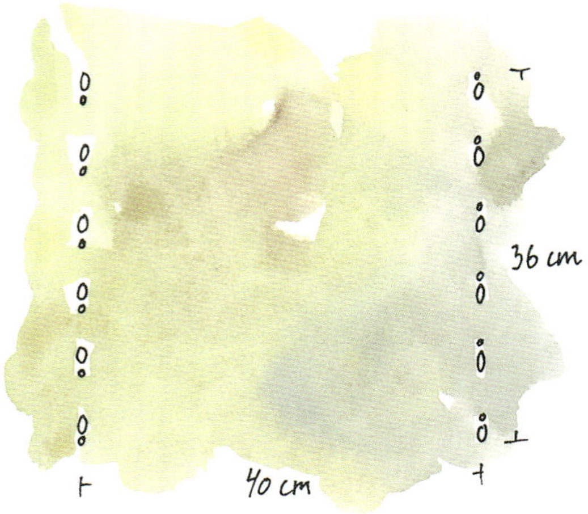

Gegenüberliegende Seite: Die Hocker fügen sich gut in die Natur und in den Jahreslauf ein.
Man braucht sich keine Gedanken darüber zu machen, ob man sie – je nach Wetterlage – hereinholt oder herausbringt. Stattdessen kann man sich nach ein paar Sommern, wenn die Weide spröde und porös geworden ist, darauf freuen, neue Modelle zu flechten.

Rustikales Gartenwägelchen

Das Frühjahr ist eine der verführerischsten Jahreszeiten. Selbst ich, die ich keinen grünen Daumen habe, schmiede jedes Jahr große Pläne, was vor meinem Küchenfenster, an der Lagerfeuerstelle und in meinem Kräuterbeet alles wachsen soll. Wenn dann der Hochsommer da ist, muss ich häufig feststellen, dass doch wieder einmal alles mit Unkraut überwuchert ist. Dann gebe ich auf und sage mir, dass auch Löwenzahn und Geißfuß ihre Daseinsberechtigung haben.

Aber in diesem Jahr habe ich die Nase vorn ...

Ich habe ein rustikales Gartenwägelchen geflochten, das nicht nur zur Dekoration dient, sondern auch einen echten Nutzen hat. Deshalb wird es jetzt passieren. Es wird mich auf meiner Jagd nach Disteln und Nesseln begleiten, wohlgemerkt: bevor diese ausschießen.

Ich habe noch ein Stück Eichenholz übrig. Ich mag die raue Oberfläche sehr gern, weshalb ich die Borke nicht entfernt habe. Für dieses Projekt braucht man auch wieder einen Boden, der so dick ist, dass man die Staken einleimen kann.

Ebenso benötigen Sie 10-20 mm dicke und 180-200 cm lange Weiden- oder Haselsträucher und zwei beschlagene Räder.

Bohren Sie 10 mm von der Kante entfernt Löcher mit einem Durchmesser von 8 mm ein. Wenn Sie wie hier abgebildet einen rechteckigen Boden verwenden, erhält man leicht abgerundete Ecken, indem man ein Loch auf jeder Seite der Ecke mit halbem Stakenabstand platziert. In der Mitte der Vorderseite wird ein Loch in einem Durchmesser von 12-20 mm gebohrt (siehe Zeichnung 1). Dieses Loch geht durch den ganzen Boden hindurch.

Wählen Sie kräftige Staken, gerne von der Bruchweide. Sie ist haltbar und eignet sich auch sehr gut, um Ränder zu flechten. Leimen Sie die Staken fest in den Boden ein, sodass die Weidenrückseiten nach innen zeigen. Stecken Sie einen der Haselsträucher bzw. eine der Weiden in das große Loch, sodass er gut festsitzt und das Wurzelende 15 cm unter dem Boden herausragt. Den Rest schneiden Sie 50-60 cm über dem Boden ab (siehe Zeichnung 2). Das ist das Stützbein des Wägelchens und dient gleichzeitig als Stake. Das Stützbein wird zum Schluss zurechtgeschnitten.

Flechten Sie eine 10 cm breite Kimme mit drei Weiden (siehe Seite 16/17), um eine starke und stabile Grundlage zu schaffen. Ich habe das ganze Projekt mit Bruchweiden geflochten, aber es ist natürlich möglich, die Farben und Weidenarten zu variieren. Durch die Kimme wird bereits die Form des Wägelchens bestimmt. Lassen Sie die Seiten leicht schräg auslaufen.

1

2

Biegen Sie die zweite kräftigere Weide bzw. den Haselstrauch in der Mitte zu einem Griff (evtl. über dem Knie, einem Eimer oder einem Baumstamm) und halten sie diesen mit einer Schnur (siehe Zeichnung 3) zusammen. Der Griff sollte ca. 70-95 cm hoch sein, je nachdem, wofür Sie das Wägelchen benutzen möchten. Die Größe der Räder richtet sich nach der Größe des Wägelchens. Schneiden Sie die Enden des Griffes schräg ab und drücken Sie diesen so weit wie möglich in die Kimme hinein. Der ganze Korb kann in Kimme-Technik geflochten werden, wenn Sie das möchten. Sie können aber auch zu anderen Flechtarten wechseln, denn diese Technik dauert ziemlich lange und verbraucht zudem noch sehr viel Material. Ich selbst habe das Wägelchen in Französischem Seitengeflecht mit drei Weiden geflochten. Beim Seitengeflecht werden der Griff und die gegenüberliegende Eckstake als eine Stake betrachtet. Lassen Sie die Hilfsschnur an der Weide, damit der Griff seine Form behält, während Sie das Wägelchen fertig flechten.

3

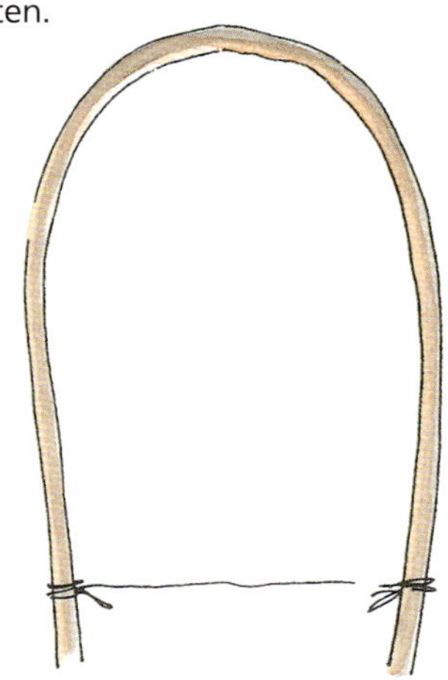

Französisches Seitengeflecht

Das Französische Seitengeflecht ist eine der am häufigsten verwendeten Techniken beim Korbflechten. Sie ermöglicht es, auf einfache Weise ein gleichmäßiges Ergebnis zu erzielen. Weil man in jeden Zwischenraum eine Weide legt, fügen diese sich rund herum schön ein. Wichtig dabei ist, dass alle Flechtweiden die gleiche Stärke und die gleiche Länge haben. Man kann anstelle einer Flechtweide auch mit einem Set von bis zu fünf oder sechs Weiden arbeiten. Zählen Sie ein-, zwei-, dreimal oder noch mehr so viele Flechtweiden ab, wie Staken vorhanden sind. Bei diesem Beispiel habe ich dreimal so viele verwendet. Nehmen Sie die Spitzen zusammen und schneiden Sie die Enden so zurecht, dass die Weiden gleichmäßig lang sind und schön aussehen. Nehmen Sie ein Dreierset Weiden und legen Sie die Wurzelenden 10 mm hinter die erste Stake von links in den Zwischenraum. Wenn die Weiden alle schön eingeflochten worden sind, können Sie später das Innere des Korbes gut glatt schneiden. Beachten Sie, dass es leichter ist, die Weiden zu platzieren, wenn Sie eine nach der anderen einflechten als wenn Sie ein Dreierbund nehmen. Dann passen sich die Weiden optisch besser ein und man verhindert außerdem, dass sie an der falschen Stelle abknicken – das gilt auch für die nächsten Runden. Führen Sie nun die Weiden vor eine Stake und hinter eine Stake und auf der Vorderseite wieder heraus (siehe Zeichnung 1). Die Weiden sollten leicht nach schräg oben geführt werden, damit Platz genug ist, das letzte Weidenset in der Abschlussrunde einzupassen. Seien Sie sehr sorgfältig, wenn Sie die Weiden um die Staken herum flechten: Die Flechtweiden biegen sich, während die Staken gerade und aufrecht stehen.

Bei alldem helfen der linke Daumen, der Zeige- und der Mittelfinger. Der Daumen platziert und führt die Flechtweide, Zeige- und Mittelfinger stützen die Staken von hinten.

Nehmen Sie ein weiteres Weidenset und legen Sie dieses in den Zwischenraum nach links vor das erste Set. Flechten Sie vor eine Stake und hinter eine Stake und an der Vorderseite wieder heraus. Flechten Sie so eine Runde. Beim Abschluss der Runde ist es wichtig, die ersten zwei Weidensätze etwas anzuheben, um Platz für die letzte Weide zu schaffen (siehe Zeichnung 2). Wenn Sie fertig sind, sollte aus jedem Zwischenraum ein Weidenset herausragen und alle Enden sollten unten an der Kimme liegen. Drücken Sie nun mit den Händen und den Daumen einmal rund herum alles nach unten. Ich verwende dafür nicht das Klopfeisen, da es die Weiden beschädigen würde.

1

2

Nun können Sie mit dem Flechten beginnen – vor eine Stake und hinter eine Stake. Es wird nach rechts geflochten, aber das Weidenset wird immer von links angesetzt. Eine schöne Variante ist auch, das Französische Seitengeflecht vor zwei und hinter eine zu flechten. Sie können auch das ganze Seitengeflecht in diesem Rhythmus weiterflechten (siehe Zeichnung 3).
Vielleicht sind Sie beim Abschluss etwas verunsichert, weil es dann immer zwei Zwischenräume gibt, aus denen Weidensätze herausragen. Betrachten Sie Ihre Flechtarbeit von der Seite. Nehmen Sie Weidenset A, das zuunterst liegt, und flechten Sie dieses ohne andere Flechtweiden zu kreuzen in Position. Es darf allerdings unter den darüber liegenden Weiden hindurchlaufen. Betrachten Sie noch einmal Ihre Flechtarbeit und nehmen Sie dann Weidenset B, das zuunterst liegt, flechten Sie dieses an die richtige Stelle und heben Sie es dann über das Weidenset, das darüber liegt (siehe Zeichnung 4).
Jetzt ist wieder eine Runde fertig. Drücken Sie die Flechtweiden einmal rund herum gut nach unten und beginnen Sie an einer beliebigen Stelle im Korb mit einer neuen Runde.

Während des Flechtens sollten Sie die ganze Zeit darauf achten, dass die Staken in gleichem Abstand stehen und dass sich die Form als Ganzes nicht verändert. Mit anderen Worten: Sie sollten sich immer auf jeden einzelnen Flechtschlag konzentrieren und gleichzeitig die ganze Arbeit im Blick haben.
Wenn die Spitzen der Flechtruten zu kurz und zu weich zum Flechten geworden sind, schneiden Sie diese direkt hinter der Stake ab, auf der sie liegen, sodass sie dann auf der Innenseite versteckt sind. Wenn der Korb noch nicht die richtige Höhe hat, kann man noch einmal Französisches Seitengeflecht einflechten oder eine Kimme mit drei flechten (siehe Seite 16/17), bevor dann der Rand gearbeitet wird.

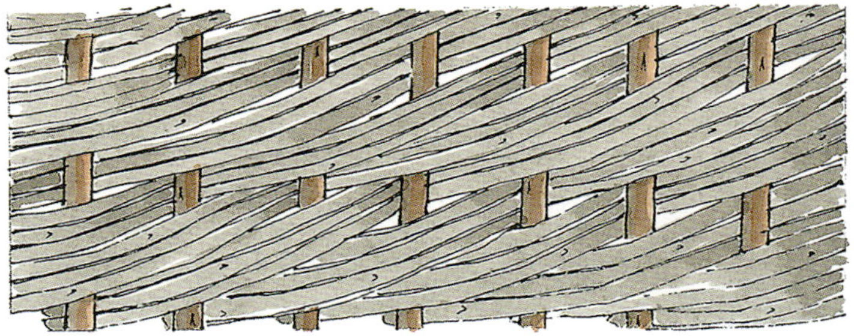

3

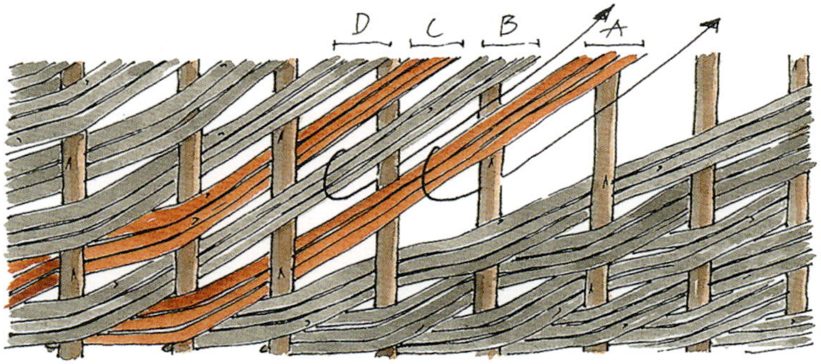

4

Schlichter Rand

Bei diesem Projekt haben wir kräftige Staken verwendet, die in größeren Zwischenräumen stehen. Für den Abschluss habe ich mir einen schlichten Rand ausgesucht – hinter eine Stake, vor eine und hinter eine. Aber es spricht nichts dagegen, dass Sie z. B. das Doppelte Kreuzgeflecht wie auf S. 62 beschrieben flechten und hinterher ganz einfach die Staken im geeigneten Abstand (2-3 cm vom Seitengeflecht) abschneiden. Pflöcken Sie noch eine zusätzliche Stake vorne am Wagen rechts vom Stützstock ein, bevor Sie mit dem Rand beginnen. Schneiden Sie den Stützstock 10 cm über dem Rand ab. So haben Sie einen „Haken", an dem Sie verschiedene Jätwerkzeuge anhängen können. Biegen Sie alle Staken über den Daumennagel vor – der Abstand vom Rand sollte die anderthalbfache Stakenstärke betragen. Legen Sie eine beliebige Stake – A – hinter B, vor C und hinter D. Schneiden Sie diese mit einem kurzen schrägen Schnitt ab, sodass sie direkt hinter der Stake ausläuft (siehe Zeichnung 1). Verfahren Sie auf die gleiche Weise mit B: Führen Sie diese hinter C, vor D und hinter E und schneiden Sie sie dann ab. Flechten Sie so eine ganze Runde, bis alle Staken gleichmäßig liegen.
Damit die zwei letzten Staken in Position gebracht werden können, muss man die beiden letzten Flechtschläge nähen. Bringen Sie X an die richtige Stelle, indem sie ihn hinter Y, vor A führen und ihn dann an seinen Platz hinter B nähen (siehe Zeichnung 2). Bringen Sie zum Schluss Y in seine richtige Position und vernähen Sie ihn.

1

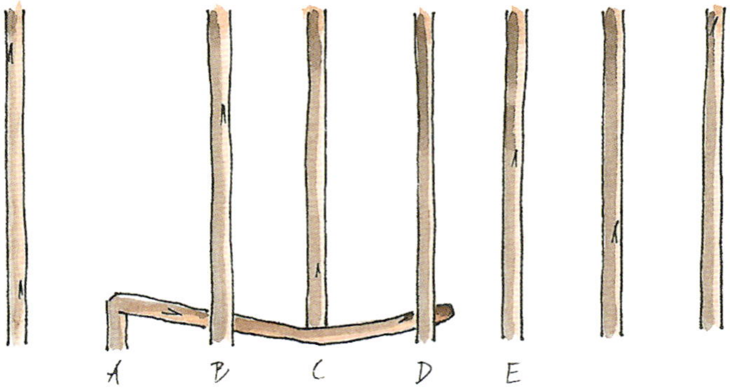

2

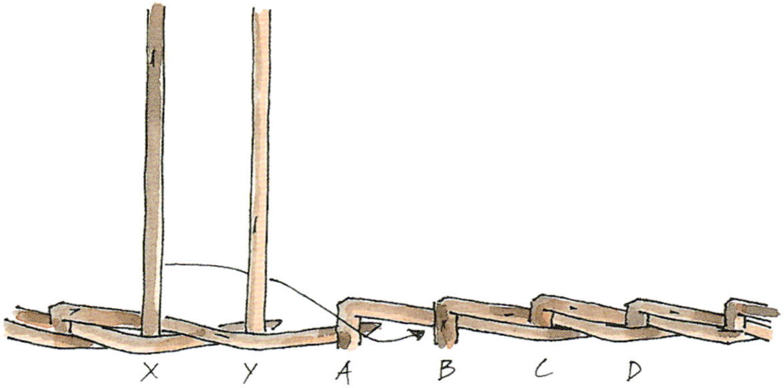

3

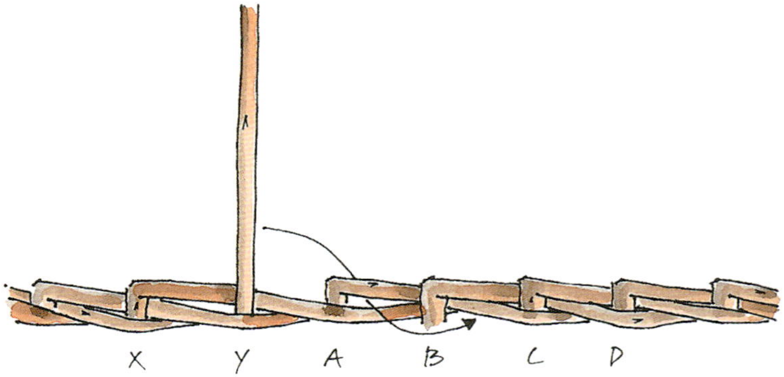

Körbe mit Kreuzböden

Einige Jahre lang habe ich mich nicht so für Kreuzböden interessiert. Ich dachte immer, dass es langweilig sei, sie zu flechten. Vielleicht lag es daran, dass ich so gerne mit dem Messer gearbeitet habe und lieber einen Korb mit „französischem Käseboden" geflochten habe, an dem man stundenlang sitzt und Staken schnitzt. Es ist fast so, als hätte ich die Kreuzböden gerade erst entdeckt, denn heute kann ich – im Gegensatz zu früher – gar nicht mehr ohne sie auskommen.
Außerdem ist der Kreuzboden wohl am besten für Anfänger geeignet, wenn man einmal von dem Ninsen-Korb absieht, den ich bereits ausführlich in meinem Buch „Weidenflechten – Ein Grundkurs" beschrieben habe. Deshalb möchte ich Ihnen einige Projekte zeigen, bei denen meiner Meinung nach der Kreuzboden richtig gut zur Geltung kommt. So kann ich vielleicht einige mit dem Wiedersehen eines alten Bekannten glücklich machen.

Vogelhäuschen

Ich kann gar nicht genau sagen, wie viele dieser einfachen kleinen Vogelhäuschen ich bereits geflochten habe, aber es sind richtig, richtig viele. Das Gute an den Häuschen ist, dass sie schnell fertig sind, wenn man einmal mit dem Flechten angefangen hat.
Außerdem sind sie sehr materialfreundlich, da nichts von den Weiden, die man einweicht, verschwendet wird. Weichen Sie 25 Weiden in 140 cm Länge zusammen mit 25-30 Weiden in 100 cm Länge ein. Das reicht dann genau für ein Vogelhäuschen.
Ein weiterer großer Vorteil ist, dass das Vogelhäuschen in mehreren Etappen geflochten werden kann (vorausgesetzt dass die Weiden „flechtbar" gehalten oder von Zeit zu Zeit eingeweicht werden). Viele andere Flechtprojekte muss man an einem Tag fertig stellen. Bei diesem Projekt kann man den Boden an einem Tag flechten. Er kann für unbegrenzte Zeit beiseite gelegt werden, bis dann an einem Tag Zeit ist, die Staken einzusetzen, die Kimme zu flechten und vielleicht auch noch das Achtfach-Geflecht um die Säulen zu arbeiten. Danach kann die Arbeit – wenn nötig – wieder beiseite gelegt werden. Es ist jedoch gut, wenn die Staken immer ein wenig flexibel bleiben. Man braucht keine Angst zu haben, dass man den Rand flechten muss, bevor die Weide zu trocken wird, denn aus den Staken bildet man später eine Spitze.
Das Häuschen wird mit einem Japanischen Auge fertig gestellt. Wenn man es sehr gut mit den kleinen gefiederten Freunden meint, bereitet man ihnen noch ein kleines Luxusessen aus Schaf- oder Rinderschmalz mit Sonnenblumenkernen und anderen Leckereien zu.

Kreuzböden in Französischem Seitengeflecht geben einen sehr gleichmäßigen und stabilen Boden ab. Er eignet sich besonders für Tabletts, auf denen Tassen und Gläser ohne umzufallen balanciert werden können.

Kreuzboden

Einen Kreuzboden zu flechten, ist eine sehr, sehr entspannende Arbeit. Ab und zu setze ich mich hin und arbeite einen ganzen Stoß. So habe ich dann immer einen Vorrat, wenn ich einen Boden für ein bereits fertiges Flechtwerk benötige.
Manchmal war es nicht ganz leicht für mich, den Kursteilnehmern die erste Verbindung zu erklären. Damit sie sich diesen Arbeitsschritt besser merken konnten, habe ich mir eine kleine Geschichte ausgedacht. Das Schöne ist, dass diese Geschichte oft weitergesponnen wird und die Leute eigene Varianten entwickeln, die sehr amüsant sein können.

Wählen Sie sechs bleistiftdicke Weiden und schneiden Sie 30 cm der Wurzelenden für die Bodenstaken ab. Heben Sie den Rest für später auf. Dann arbeiten Sie für den Boden ein Kreuz, bei dem drei Weiden durch drei andere hindurchgehen. Nehmen Sie eine der dicksten Bodenstaken und stechen Sie mit der Messerspitze in die Mitte der Weide, zwischen dem Rücken auf der Oberseite und dem Bauch auf der Unterseite, sodass sich dann der Boden in der Mitte leicht nach oben wölbt (siehe Zeichnung 1). Bei einem Vogelhäuschen ist das nicht so wichtig, aber wenn man einen Korb oder ein Tablett flechtet, stehen die Sachen dann eben und wackeln nicht.

Aus Sicherheitsgründen ist es ratsam, als Unterlage eine alte Tischplatte oder etwas Ähnliches zu nehmen, damit das Messer nicht abrutscht. Drehen Sie das Messer ein paar Mal hin und her, sodass drei Bodenstaken durchpassen.
Schieben Sie eine Bodenstake in den Schnitt und schaffen Sie in den beiden anderen Staken auf dieselbe Weise Platz für drei. Ziehen Sie diese zwei auf die Weide, die Sie durch die erste durchgesteckt haben – am besten so, dass die Weiden entgegengesetzt liegen, ein dickeres Ende neben einem dünneren. Schieben Sie die beiden letzten Weiden durch das Kreuz – auch wieder entgegengesetzt (siehe Zeichnung 2).

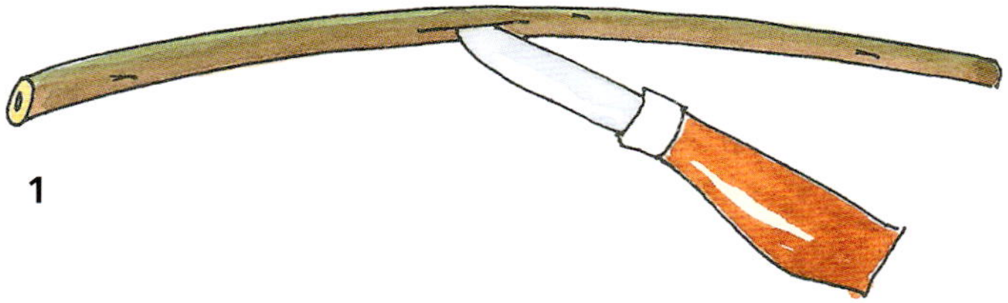
1

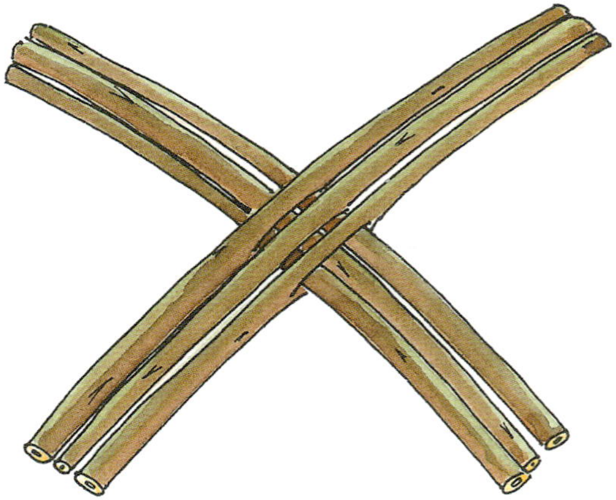
2

Gegenüberliegende Seite: Die kleinen Vogelhäuschen sind sehr einfach zu flechten. Dieses Modell ist nur ein Variante; die Häuschen können, je nachdem, wer sie flechtet, ganz unterschiedlich sein – sowohl praktisch als auch ästhetisch. Hat man keine kleinen Weiden zur Hand, um die Säulen zu flechten, kann man alternativ mit den Spitzen einer langen schlanken Weide anfangen. Flechten Sie so hoch wie möglich – solange bis Sie die Weiden nicht mehr um die Seitenstaken winden können.

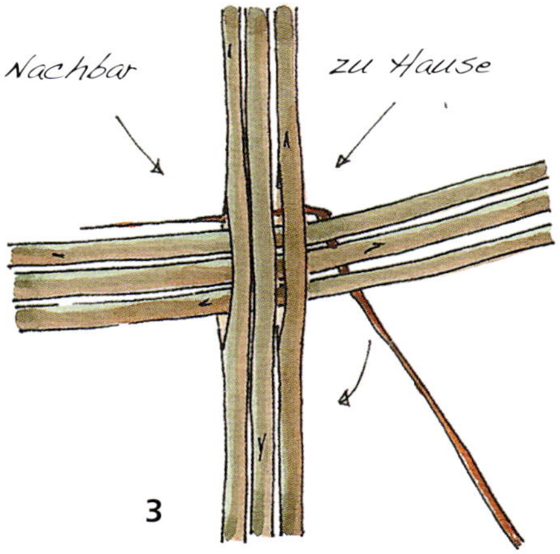

3

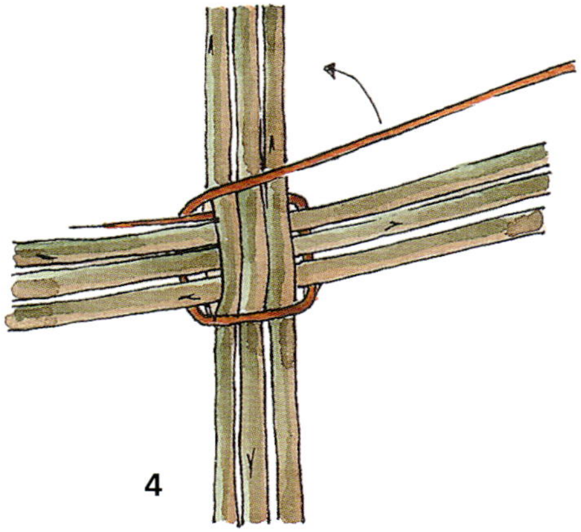
4

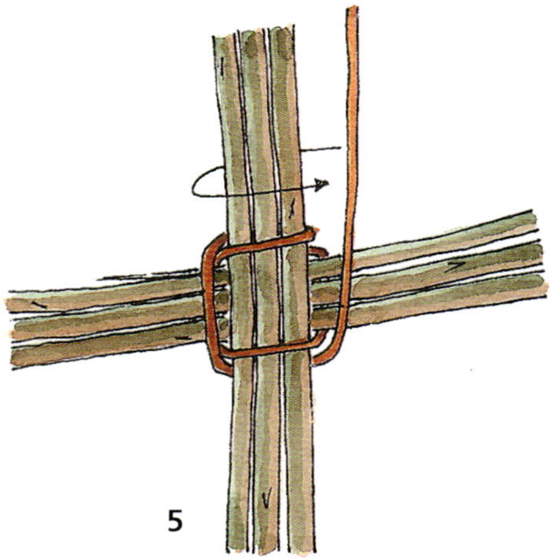
5

Nun bekommt das Kreuz eine feste Verschnürung. Nehmen Sie eine 80-100 cm lange Weide und halten Sie das Kreuz so vor sich, dass die eingeritzten Weiden senkrecht stehen. Von nun an sollten Sie das Kreuz während des ganzen Vorgangs genau in dieser Position halten; dann ist es nämlich einfacher, die Verschnürung im Blick zu haben. Ab jetzt heißt der obere rechte Winkel „zu Hause" und der obere linke Winkel „Nachbar".
Stecken Sie die Spitze der Weide in den Spalt hinein, der von zu Hause zu Ihrem Nachbarn führt. Halten Sie die Spitze, die 7-8 cm bei Ihrem Nachbarn herausragt, mit der linken Hand fest. Mit dem anderen Ende machen Sie jetzt einmal um die Mitte des Kreuzes einen kleinen Spaziergang und gehen aus Ihrer „Hintertür" heraus (siehe Zeichnung 3), abwechselnd unter und über die Bodenstaken. Es ist sehr wichtig, dass Sie jeweils unter und über den Bodenstaken fest anziehen.
Nun sind Sie wieder zu Hause, aber dort finden Sie heraus, dass Sie unterwegs Ihren Schlüssel verloren haben, deshalb drehen Sie um und suchen ihn (siehe Zeichnung 4): Wenden Sie und gehen Sie „stramm" zurück – unter, über, unter und über die Staken.

Nun sind Sie wieder zu Hause, haben aber den Schlüssel nicht gefunden. Deshalb gehen Sie weiter und fragen Ihren Nachbarn (siehe Zeichnung 5).
Er ist nicht zu Hause, deshalb müssen Sie noch einmal eine Extratour machen, um weiterzusuchen. Sie drehen Sich also um und gehen über, unter, über und unter. Dann sind Sie wieder beim Nachbarn, sehen aber, dass er Besuch hat und möchten nicht stören (siehe Zeichnung 6).
Deshalb drehen Sie um und gehen über, unter und über die Staken. Plötzlich sind Sie wieder zu Hause und stellen fest, dass der Schlüssel in der Haustür steckt (oder dass das Badezimmerfenster offen steht oder .... !). Verstecken Sie die Weide unter der vorherigen Runde und ziehen Sie kräftig fest. Nun liegen jeweils zwei Weiden an allen Kreuzseiten schön nebeneinander (siehe Zeichnung 7). Schneiden Sie die dünnen Spitzen ganz ab und die Enden mit leichtem Sicherheitsabstand, sodass sich die gute Verschnürung nicht plötzlich auflöst.
So hat das Kreuz guten Halt und Sie können es hinlegen, ohne dass es auseinander fällt. Wenn Sie diese Technik jemandem erklären möchten, achten Sie darauf, dass die Person hinter Ihnen steht und

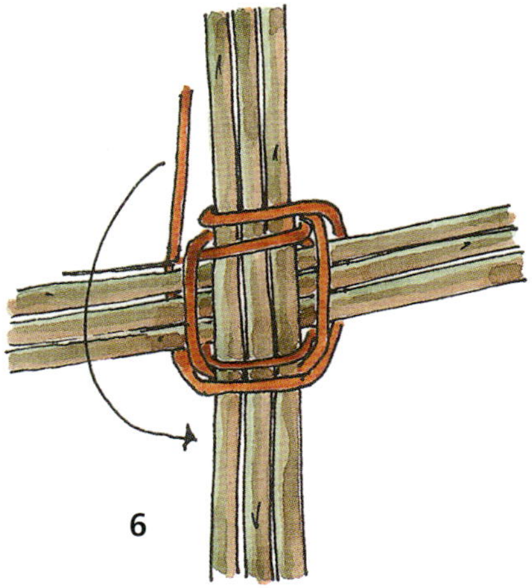

6

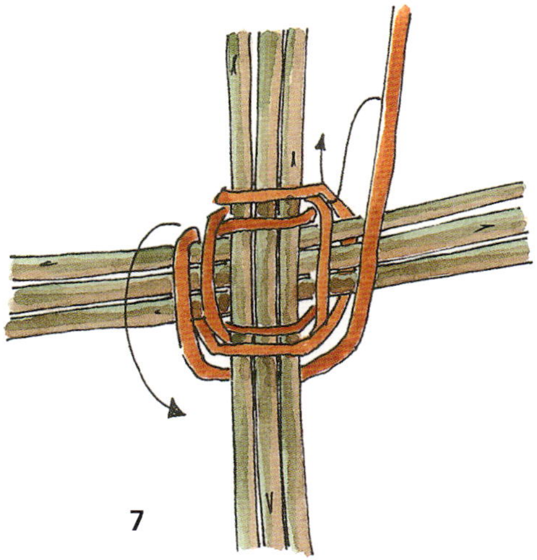

7

Ihnen über die Schulter schaut, während Sie es demonstrieren. Wenn man es dann selbst ausprobiert, ist es sehr viel leichter, die Technik bereits einmal aus der gleichen Perspektive gesehen zu haben, in der man sie später selbst anwendet. Bevor Sie mit dem Flechten anfangen, werden die Bodenstaken ganz unten am Kreuz (Kreuzmittelpunkt) getrennt. Nehmen Sie dazu die Daumennägel zur Hilfe (siehe Abbildung). Drehen Sie danach den Boden um, sodass er sich nach oben wölbt. Dann wird mit Doppeltem Kreuzgeflecht weitergearbeitet.

Die Daumennägel legen fest, an welcher Stelle sich die Bodenstaken biegen.

Doppeltes Kreuzgeflecht als Bodengeflecht

Sie benötigen dazu einige Flechtweiden in einer Länge von 80-100 cm. Nehmen Sie zwei Weiden und legen Sie diese jeweils in einen Zwischenraum, sodass 7-8 cm nach hinten herausragen (siehe Zeichnung 1). Ich verwende gern die dünnsten und kürzesten Weiden für das Innere des Bodens und gehe dann zu längeren Weiden über, wenn die Runden länger und länger werden. Drücken Sie die Weiden ganz in die Mitte hinunter und flechten Sie nun die linke Weide über eine Stake, unter eine Stake und über die Vorderseite wieder nach oben (siehe Zeichnung 2 und Abbildung A und B). Nehmen Sie nun die Weide, die zur Linken liegt. Flechten Sie diese über eine Stake, unter eine Stake und dann über die Vorderseite wieder nach oben, indem Sie das Kreuz drehen (siehe Zeichnung 3). Auf diese Weise „verschließt" die Flechtweide immer den vorhergehenden Flechtschlag. Dadurch wird der Boden fest und stramm und die Bodenstaken richten sich gleichzeitig zur „vollen Sonne" aus. Die linke Hand sollte über dem Boden, wo die Finger um die Bodenstaken flechten und sie in „Sonnen"-Position halten, platziert sein (siehe Abbildung C). Der linke Daumen befindet sich immer zentral auf der Flechtweide, mit der gerade gearbeitet wird.
Die rechte Hand hält die Flechtweide sorgfältig an ihrem Platz in der Mitte (siehe Abbildungen A und B). Man kann eine Weide später nicht an ihren Platz „ziehen". Sie muss sofort rund um die Bodenstake geflochten werden.

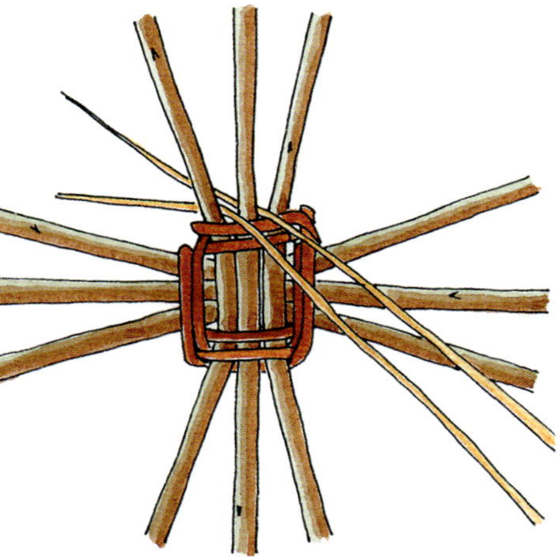

1

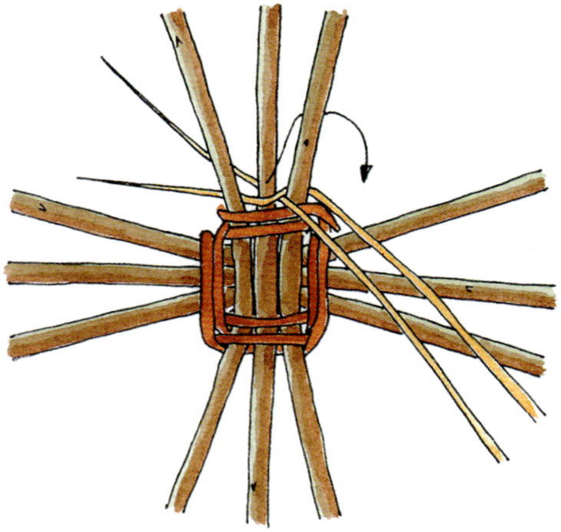

2

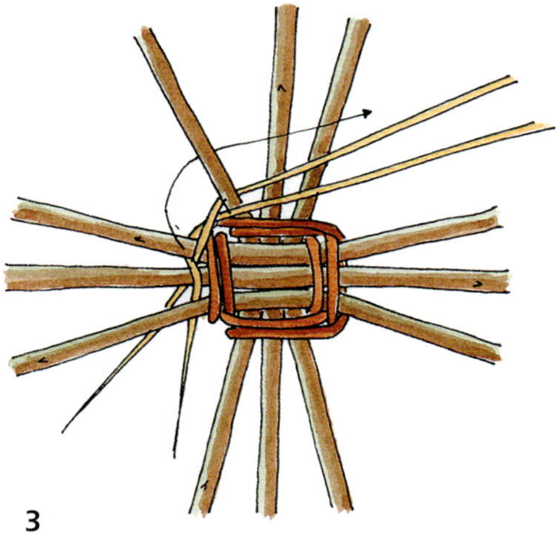

3

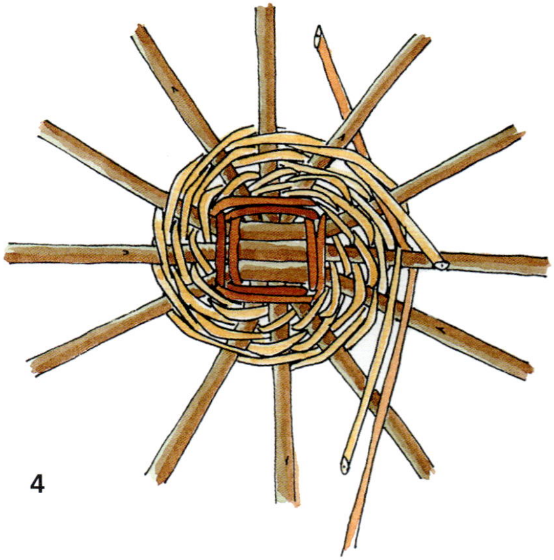

4

Gleichzeitig sorgt der linke Daumen dafür, dass das Geflochtene nicht zurück rutscht und der Boden auf diese Weise lose wird. Je mehr Übung Sie haben, umso mehr geht Ihnen dies in die Finger über und Sie brauchen nicht mehr lange darüber nachzudenken. Dann können Sie sich mit der Zeit beim Flechten auch mehr entspannen. Anfangs kann es sein, dass es Ihnen sehr mühsam vorkommt, weil es so viele Dinge gibt, über die man nachdenken und auf die man achten muss.
Wenn die Weiden herausrutschen oder zu kräftig sind, um schön im Flechtwerk zu liegen, verlängern Sie die Enden dick mit dick: Heben Sie die Weide, mit der Sie flechten möchten, an und schieben Sie ein neues Wurzelende ein (siehe Zeichnung 4).
Dadurch ragt ein Weidenende aus jeder Seite des Bodens heraus. Es ist also gut, die Flechtweiden etwas versetzt zu verlängern. Flechten Sie weiter, bis noch 30-40 cm des dünneren Endes übrig sind. Lassen Sie ein neues dünnes Ende überlappen und flechten Sie mit beiden Weiden weiter, bis es wieder so weit ist, dick mit dick zu verlängern.
Machen Sie solange weiter, bis der Boden den gewünschten Durchmesser hat – bei diesem Modell sind es 18 cm. Schließen Sie den Boden mit einem Set Weidenspitzen ab und heften Sie alles lose zusammen, indem Sie ein paar Überwendstiche in die vorherige Runde machen. Schneiden Sie den Boden dann glatt, aber lassen Sie die Bodenstaken bis auf Weiteres so, wie sie sind.

Aufstaken

Wählen Sie 12 Weiden mit einer Länge von 120-140 cm aus. Nehmen Sie die Weiden oben zusammen und schneiden Sie diese unten auf die gleiche Länge zu. Die Weiden sollten so lang wie möglich, aber gleichzeitig nicht so kräftig sein, dass sie brechen, wenn man sie rechtwinklig biegt. Wenn Sie merken, dass Sie 30-40 cm abschneiden müssen, sollten Sie deshalb aber nicht verzweifeln. Die Reste kann man später für Untersetzer oder Brotkörbchen verwenden. Schneiden Sie die Staken mit einem 5-6 cm langen gleichmäßigen Schnitt ein (siehe Zeichnung 1A). Es ist wichtig, dass der Schnitt spitz und nicht flach ausläuft (siehe Zeichnung 1B), sonst können die Staken nicht richtig fest eingepflöckt werden. Schneiden Sie eine Bodenstake ganz dicht am Flechtwerk ab – so dicht wie überhaupt möglich. Sie brauchen keine Angst zu haben, dass sich das Geflochtene „aufribbelt".
Pflöcken Sie die Stake gründlich fest, sodass der weiße Schnitt direkt längs durch die Bodenstake verdeckt wird. Stechen Sie die Stake mit Ihrem Messer ein, indem sie die Spitze 2 mm hinein stechen. Der Messerrücken befindet sich dabei ganz nah am Boden (siehe Zeichnung 2). Drehen Sie danach das Messer und heben Sie gleichzeitig die Stake in einer gleitenden Bewegung an (siehe Zeichnung 3). Damit verhindern Sie, dass die Staken brechen. Legen Sie die Stake auf Ihrer linken Schulter ab. Schneiden Sie die Bodenstake, die rechts davon liegt, ab. Pflöcken Sie eine weitere Stake ein und stechen Sie diese ebenso mit dem Messer ein. Machen Sie solange weiter, bis alle Staken eingesetzt und aufgerichtet sind.
Binden Sie die Staken so weit wie möglich unten – an der Stelle, an der später das Japanische Auge sein soll – fest mit einer Schnur zusammen. So bekommt das Vogelhäuschen gleich von Anfang an die gewünschte Form. Flechten Sie mit den sechs abgeschnittenen Bodenstaken die Kimme wie auf Seite 16/17 erklärt. Dabei ist es vorteilhaft, wenn Sie die drei ersten Kimmweiden längs über ihre Bodenstake einführen (siehe Zeichnung 4). So gelingt es leichter, die Kimme fest und eng zu gestalten. Das ist besonders wichtig, weil die Stakenzwischenräume verhältnismäßig breit sind. Platzieren Sie kurz vor Ende der Kimme die letzte Spitze unter die vorherige Reihe, um das Flechtwerk lose zu verschließen. Die Kimme ist ganz verschlossen, wenn über ihr weiter geflochten wird.

1A

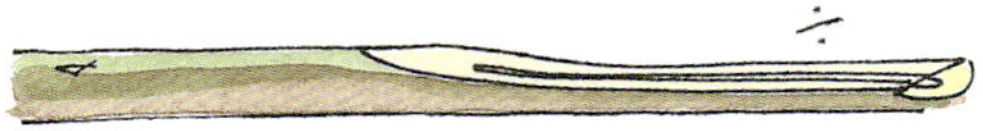

1B

2

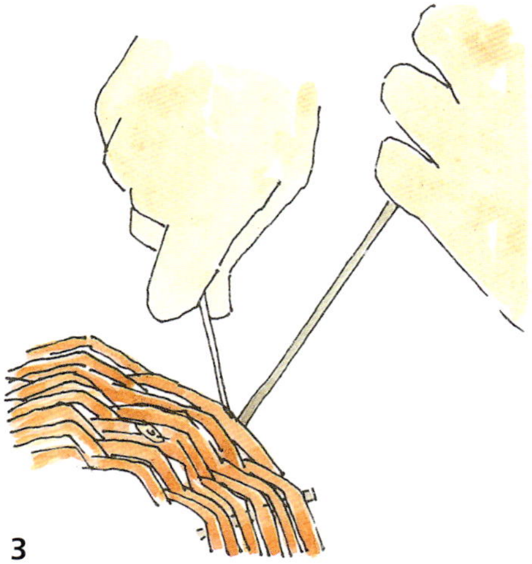

3

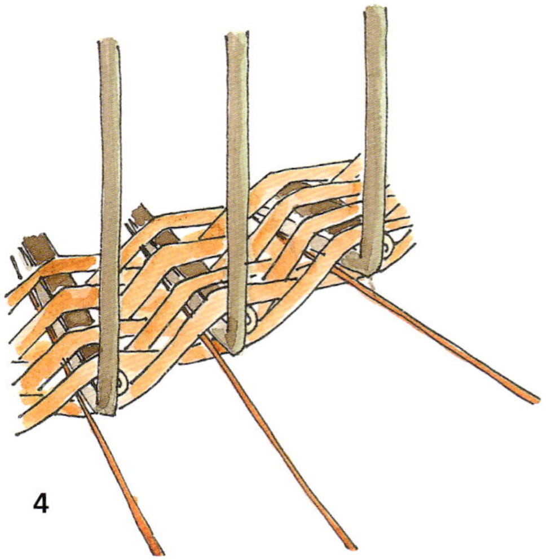

4

Säulen aus Achter-Geflecht

Ich flechte äußerst gerne in Achten. Deshalb haben alle Vogelhäuschen, die Sie in diesem Buch finden, Säulen. Das Schöne an den Vogelhäuschen ist, dass man viele verschiedene Möglichkeiten hat, die Seiten zu gestalten. Manche Flechter möchten nur drei Eingänge haben und flechten dann große Teile in der Leinenwebung. Andere wiederum planen zwei gegenüberliegende Öffnungen, sodass das Vogelhäuschen fast ganz geschlossen ist. Neulich habe ich sogar eines gesehen, das zwei Ebenen hatte. So kann jeder selbst entscheiden, welches der Modelle ihm am besten gefällt.

Mit zwölf Staken können sie sechs Säulen platzieren. Nehmen Sie eine Weide in einer Länge von 80-100 cm und legen Sie das Wurzelende hinter eine Stake – ich fange gerne an der Stelle an, an der die Kimme aufhört, sodass sie dann ganz geschlossen wird. Winden Sie die Flechtweide um die Stake nach rechts vorne und wieder zurück (siehe Zeichnung 1). Beim ersten Winden kann es manchmal schwierig sein, ein zufriedenstellendes Ergebnis zu bekommen, selbst mit dünnen und flexiblen Weiden. Deshalb ist es hilfreich, die Stelle direkt mit einer Ahle zu bearbeiten, bevor man mit dem Flechten beginnt. Machen Sie mit dem „Vor-und-zurück"-Flechten weiter, bis die Weide ausläuft. Ziehen Sie währenddessen die Staken ein wenig zusammen, damit die Vögel später auch hineinkommen können. Verlängern Sie dünn mit dünn und stellen Sie die Säule mit einem Wurzelende fertig (siehe Zeichnung 2).

Während des Flechtens können sie auch noch ein bisschen Platz zwischen den Staken schaffen. Das ist deshalb gut, da danach eine Kimme geflochten wird.

Flechten Sie alle sechs Säulen auf die gleiche Höhe und schneiden Sie die Enden der Flechtweiden glatt, damit sie nicht stören. Flechten Sie dann die Kimme mit sechs neuen Weiden – vergessen Sie nicht, dass das Vogelhäuschen nach innen gerichtet sein soll. Die drei ersten Kimmweiden kann man durch etwas Probieren so platzieren, dass Sie unten längs der Staken des Achter-Geflechts liegen. Dadurch bekommen sie etwas Halt. Über der Kimme wird auf dem oberen Teil der Staken einzelnes „Französisches Seitengeflecht" (siehe Seite 54/55) geflochten. Die Staken werden 4-5 cm über der Stelle, an der das Japanische Auge sitzen soll, abgeschnitten (siehe Zeichnung 3). Die Kunst ist, die Ausrichtung des Vogelhäuschens nach innen beizubehalten, während das Französische Seitengeflecht gearbeitet wird. Wenn Sie die Schnur oben daran lassen, haben Sie nicht mehr so viel Platz zum Flechten. Wenn Sie die Schnur aber entfernen, müssen Sie bis ganz nach oben flechten. Das lässt sich umgehen, indem Sie mit dem linken Daumen die Flechtweide jedes Mal, wenn Sie an einer Stake vorbei flechten, fest anziehen. Alle eingearbeiteten Flechtweiden laufen hinter den Staken aus, wo sie dann abgeschnitten werden. Möchte man das Flechtwerk mit einer anderen Technik beenden, so ist Lindas Abschluss (siehe nächste Seite) eine gute und haltbare Variante, die ich sehr oft verwende.

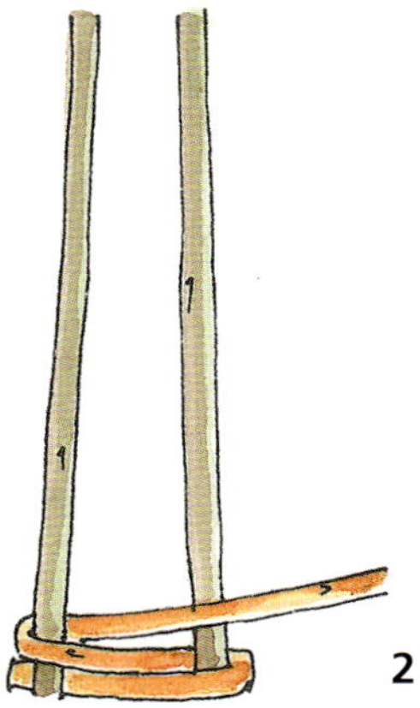
1

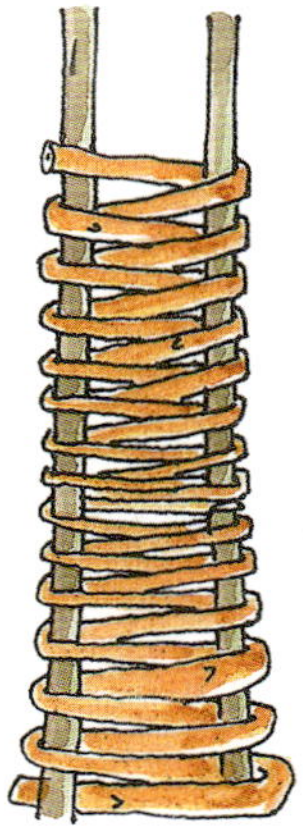
2

3

Lindas Abschluss

Dieser Abschluss ist nach einer wunderbaren und ausdauernden Kursteilnehmerin aus Norwegen benannt. Linda hat ein Vogelhäuschen geflochten und dabei sehr konzentriert allein gearbeitet. Aber zum Schluss wollte sie gerne wissen, ob man das Häuschen so, wie sie es gemacht hat, abschließen kann. Und das konnte man sehr wohl. Dabei werden alle Spitzen verschlossen und es entseht ein schönes Muster, das am besten zur Geltung kommt, wenn man Französisches Seitengeflecht mit drei oder mehr Weiden flechtet. Lindas Erlebnis ist ein gutes Beispiel dafür, dass man beim Flechten immer wieder neue Ideen entwickeln kann.

Flechten Sie wie gewohnt die erste Weide in der Runde vor eine Stake und hinter eine Stake und auf der Vorderseite wieder heraus (siehe Zeichnung 1). Nehmen Sie die zweite Weide und flechten Sie nach rechts, sodass Sie über die Weide flechten, die genau im Zwischenraum liegt (siehe Zeichnung 2).

Wenn Sie einmal ganz herum sind, schließen Sie die letzte Weide der Runde ab, indem Sie diese vor eine Stake und hinter eine Stake führen und sie seitlich unter die Weide einflechten, mit der Sie die Runde begonnen haben (siehe Zeichnung 3). Schneiden Sie glatt und stellen Sie das Flechtwerk mit einem Japanischem Auge (siehe Seite 20) fertig.

1

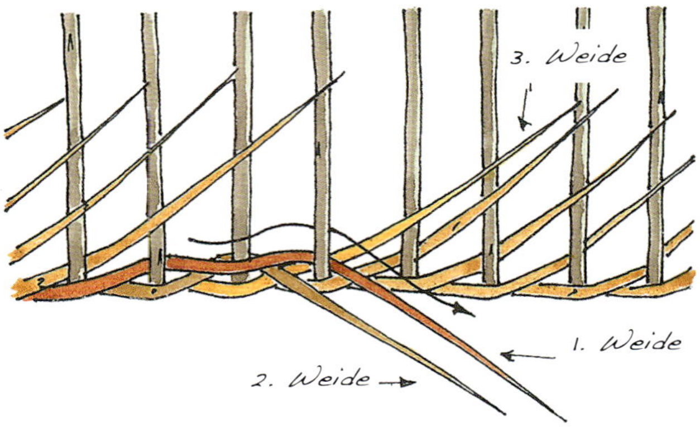

2

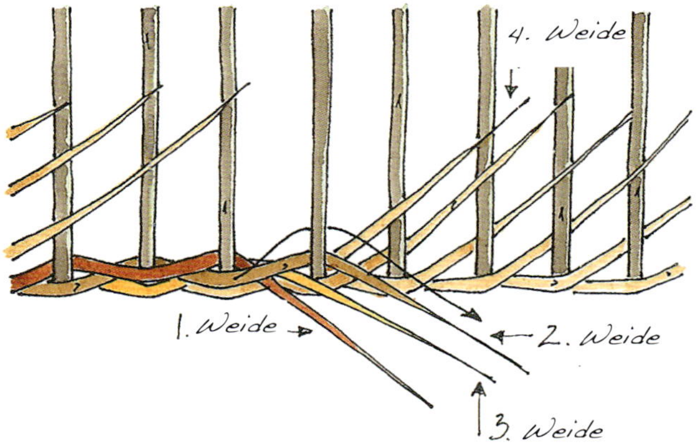

3

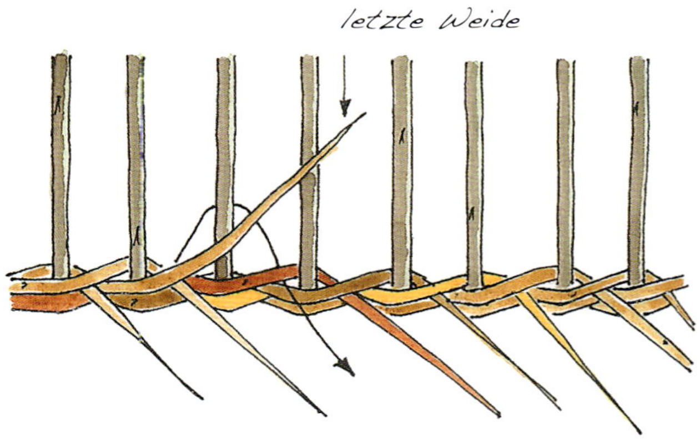

Varianten

Für das Dach des Vogelhäuschens bieten sich viele verschiedene Möglichkeiten und Variationen an. Anstatt das obere Ende der Staken für das Dach zu verwenden, kann man auch Französisches Seitengeflecht mit kleinen Weiden flechten (siehe Seite 54/55). Wenn das Dach etwas höher sein soll, kann man auch eine zusätzliche Fläche einzelnes oder doppeltes Französisches Seitengeflecht über die erste flechten. Falls Sie Probleme mit dem Französischem Seitengeflecht haben sollten, schlage ich vor, stattdessen das Doppelte Kreuzgeflecht zu nehmen. Mit dieser Technik haben Sie ja bereits den Boden geflochten. Zudem hilft es dabei, das Vogelhäuschen in seiner nach innen gerichteten Form zu halten. Obwohl das Grundmodell immer dasselbe ist, sehen die Vogelhäuschen hinterher ganz unterschiedlich aus. Das ist sehr schön, weil dadurch alle eine persönliche Note bekommen.

Vogelhäuschen – Zweite Variante

Dieses Vogelhäuschen unterscheidet sich genau betrachtet nicht sehr von dem ersten, abgesehen von der Größe und der Anzahl der Staken. Der Boden hat einen Durchmesser von 24 cm und die Stakenzahl wurde auf 16 erhöht. Das bedeutet, dass beim Aufstaken (siehe Seite 64) eine Stake in jede Seite der Bodenstaken eingepflöckt wird – an vier Stellen, nämlich an jeder dritten Bodenstake. Direkt an den Stellen, an denen die Staken zwei und zwei stehen, wird in Achten mit einer Weide von 120 cm Länge geflochten. Dieses Modell ist niedriger als das andere, hat aber dafür breitere Öffnungen.
Über der Kimme oberhalb der Säulen wurde anstelle des einzelnen Französischen Seitengeflechts mit einem Set aus vier dünnen Weiden geflochten. Das hat Auswirkungen auf die Höhe; allein das Französische Seitengeflecht misst dann 28 cm. Bei diesem Projekt sieht man den Effekt von „Lindas Abschluss" sehr deutlich.
Das Modell zeigt auch, wie einfach es ist, ein Grundmodell eigenständig weiterzuentwickeln.

Wenn man es besonders gut mit den Vögeln meint, kann man das Schmalz selbst herstellen und es mit verschiedenen Nüssen, Rosinen, Haferflocken und Saatgut mischen. Sobald die Mischung abgekühlt ist, füllt man sie in eine Plastikschüssel. Sollte die Menge zu groß sein, kann man das Schmalz gut im Gefrierfach aufbewahren.

Kleiner Wäschekorb

Wenn man bereits viele Vogelhäuschen geflochten hat und deshalb mit der Kreuzboden-Technik gut vertraut ist, kann man anfangen, Körbe zu flechten. Das nächste Projekt, ein Wäschekorb mit einem schlichten Rand, ist gut zu bewältigen. Ich habe den Korb in zwei verschiedenen Formen geflochten, die Grundtechnik ist aber die gleiche. Damit möchte ich gerne demonstrieren, dass man selbst mit einfachen Techniken verschiedene Formen gestalten kann. Man kann dieses Modell z. B. auch ganz eng flechten, um darin Kleinkram aufzubewahren.
Bei dem kleinen Wäschekorb beginnt man ebenso wie bei dem Vogelhäuschen: mit einem Kreuzboden aus drei plus drei Bodenstaken (siehe Seite 58-61). Flechten Sie, bis der Boden einen Durchmesser von 10-11 cm hat. Drehen Sie dann die Unterseite des Bodens nach oben und flechten Sie mit insgesamt sechs Weiden die Kimme – das gibt dem Boden die Form für eine Stoßkante. Der Durchmesser beträgt dann ca. 18 cm. Bereiten Sie 24 Staken in einer Länge von 120-140 cm vor, nehmen Sie diese an den Weidenspitzen zusammen, kürzen Sie sie unten auf die gleiche Länge und schneiden Sie die Enden 5 cm ein. Für eine Amphorenform werden 12 Staken auf der Rückseite links und die anderen 12 auf der Rückseite rechts eingeschnitten (siehe Zeichnung 1). Staken Sie wie auf Seite 64 beschrieben auf, sodass sich der Boden in der Mitte nach oben wölbt. Die Staken werden abwechselnd eingesetzt. So macht man sich auf der rechten und linken Seite zu Nutze, dass sich die Rückseite der Weide nach außen neigt (siehe Zeichnung 2). Dabei wird der weiße Schnitt so fest wie möglich längs in die Staken eingepflöckt.
Dadurch, dass man den Schnitt gegen die Stake einsetzt, erreicht man zwei Dinge – der Schnitt wird verdeckt, sodass der Boden von beiden Seiten schön aussieht, und die Seitenstaken weisen gleich zu Beginn voneinander weg. So ist es leichter, die Staken in gleichmäßigem Abstand zu halten.
Nehmen Sie die Staken oben mit einer Schnur zusammen. Legen Sie den Boden mit einem Gewicht beschwert auf einen Tisch oder halten Sie ihn zwischen den Knien, während Sie die Kimme mit drei Weiden flechten (siehe Seite 16/17). Die Staken sollten die Möglichkeit haben, sich leicht nach außen zu neigen. Gleichzeitig ist es in der ersten Runde der Kimme wichtig, dass die abgeschnittenen Bodenstaken bedeckt werden. Deshalb sollte man darauf achten, dass man so gut wie möglich in den Boden hineinarbeitet. Außerdem ist wichtig, dass der Abstand zwischen den Staken gleichmäßig ist. Flechten Sie zwei Runden Kimme – Sie benötigen also insgesamt 12 Weiden.
Flechten Sie nun das Englische Seitengeflecht Rückwärts (siehe Seite 70).

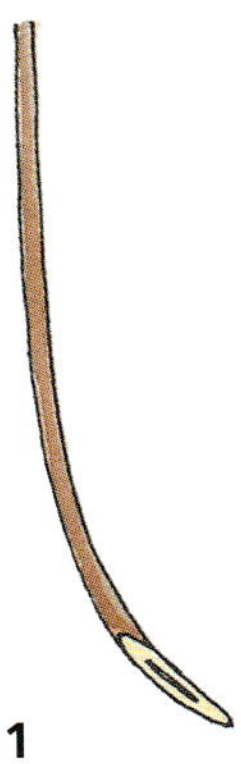

1

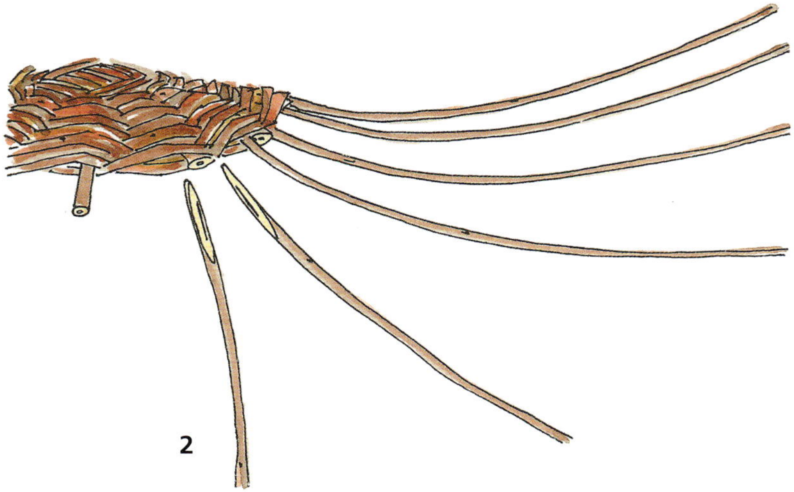

2

Englisches Seitengeflecht Rückwärts

Hierfür brauchen Sie so viele Weiden wie Staken. Die Flechtweiden sollten so lang sein, dass sie den Korb einmal umrunden können, und jeweils eine Zugabe von ca. 25 cm haben.

Flechten Sie mit einer Weide; beginnen Sie mit dem Wurzelende an einer beliebigen Stelle im Korb. Legen Sie die Weide hinter eine Stake und flechten Sie Leinenwebung, vor eine Stake und hinter eine Stake, einmal ganz herum, bis Sie wieder am Ausgangspunkt angelangt sind. Die Weide läuft dort nach innen in den Korb aus, wo sie wieder auf ihr Wurzelende trifft (siehe Zeichnung 2).

Machen Sie so weiter und setzen Sie eine neue Flechtweide jeweils einen Zwischenraum weiter links ein. Während des Flechtens sieht der Korb etwas schief aus; er wird erst gerade, wenn alle Weiden eingeflochten sind. Achten Sie aber während des Arbeitens trotzdem auf die Form, d.h. darauf, dass die Staken in ihrer richtigen Position bleiben. Sie können entweder mit einem neuen Bund Weiden eine Runde Englisches Seitengeflecht Rückwärts flechten oder das Flechtwerk mit einer breiten Kimme abschließen. Der kleine Wäschekorb (siehe Abbildung auf der vorherigen Seite) besteht aus vier Runden Seitengeflecht vor der Kimme. In der letzten Runde wurde ein Gewicht an das obere Ende der Staken gebunden, damit der Korb von oben ausgehend eine leicht rundliche Form bekommt (siehe Zeichnung 3).

Kimme mit vier

Die obere Kimme eines solchen Korbes sollte man am besten aus vier Weiden flechten, weil sie sich sowohl von der Ober- als auch von der Unterseite besonders gut einpassen. Dadurch wird der Korb schön rund. Die Kimme mit vier wird nach demselben Prinzip wie die Kimme mit drei geflochten (siehe Seite 16/17). Man nimmt vier Weiden anstatt drei, dabei zählt man zwei Staken vor und zwei zurück. Die Kimme bringt die Form des Korbes zum Abschluss und bildet eine feste Unterlage, um darauf den Rand zu flechten. Der Rand wird auf die gleiche Weise wie beim Gartenwägelchen gearbeitet (siehe Seite 56). Dies ergibt einen sehr schönen, schlichten Abschluss.

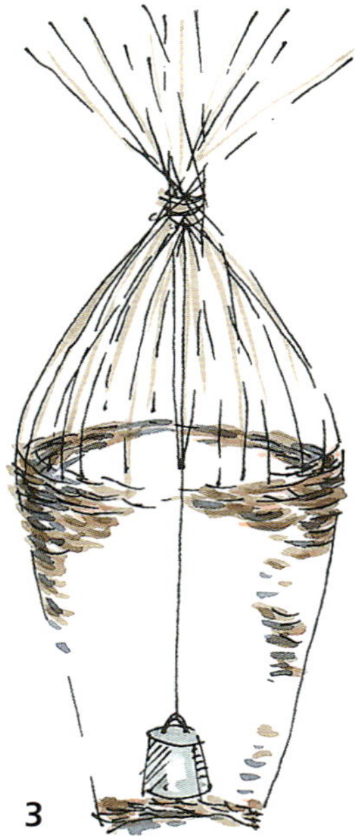
3

1

2

Deckel mit Lochstein

Auch den Deckel beginnt man mit einem drei plus drei Kreuzboden (siehe Seite 58-61). Er kann sich sowohl nach oben als auch nach unten wölben. Flechten Sie solange bis der Boden einen Durchmesser von 12-14 cm hat. Um so wenig sichtbare Enden wie möglich zu bekommen, arbeite ich auf der Rückseite eine versteckte Verlängerung ein. Lassen Sie die Wurzelenden in Verlängerungsposition auf der Rückseite auslaufen und setzen Sie ein neues Wurzelende in den Zwischenraum ein, in dem das vorherige eigentlich wieder herauskommen sollte. Nun liegen beide Wurzelenden auf der Rückseite. Beide sitzen erst dann ganz fest, wenn um sie herumgeflochten wird (siehe Zeichnung). Diese Technik kann man auch gut für kleinere Projekte anwenden. Außerdem eignet sie sich sehr gut, um die weißen Schnitte zu verdecken, wenn man nicht möchte, dass sie sichtbar sind.

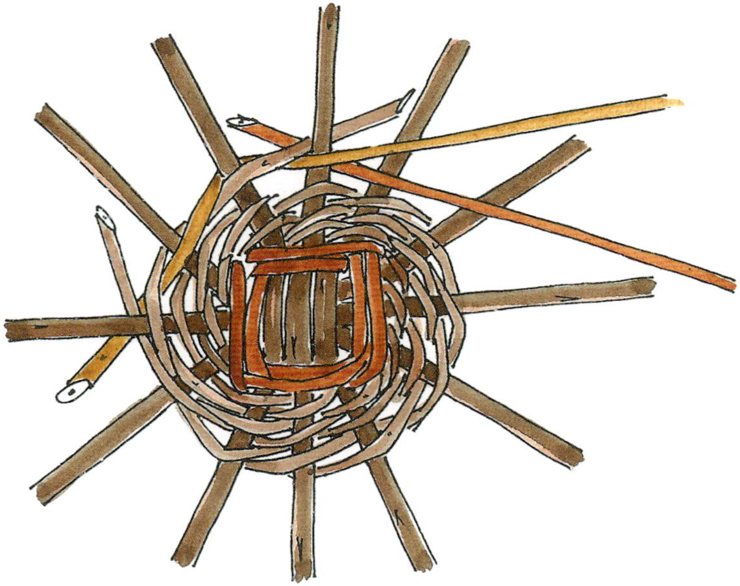

Bereiten Sie 24 Staken in einer Länge von 100-120 cm genauso vor wie die, die Sie für den Korb selbst verwendet haben. Die Schnitte sollten allerdings nur 3-4 cm lang sein. Die Weiden müssen so geschmeidig sein, dass man aus ihnen – nach Zuschnitt 10 cm über dem Wurzelende – einen Rand flechten kann. In diesem Fall konnte ich die 24 Stakenreste verwenden, die übrig geblieben sind, als der Korb glatt geschnitten worden ist.

Schneiden Sie die Bodenstaken eine nach der anderen ab und pflöcken Sie die neuen Staken auf jeder Seite fest ein. Flechten Sie eine Kimme mit drei, wie auf Seite 16/17 erklärt, und machen Sie solange weiter, bis der Deckel die richtige Größe hat, d.h. bis die Kimme richtig auf die Öffnung des Korbes passt. Der Rand, auf dem der Deckel dann liegt, bildet den Abschluss des Flechtwerks. Flechten Sie den gleichen Rand wie beim Wäschekorb und binden Sie evtl. einen Lochstein mit einer Lederschnur fest. In den Deckel habe ich lose einen dünnen gewundenen Kranz aus Weiden genäht.
Der Kranz schließt genau mit der Öffnung des Korbes ab und hält den Deckel deshalb in der richtigen Position (siehe Abbildung).

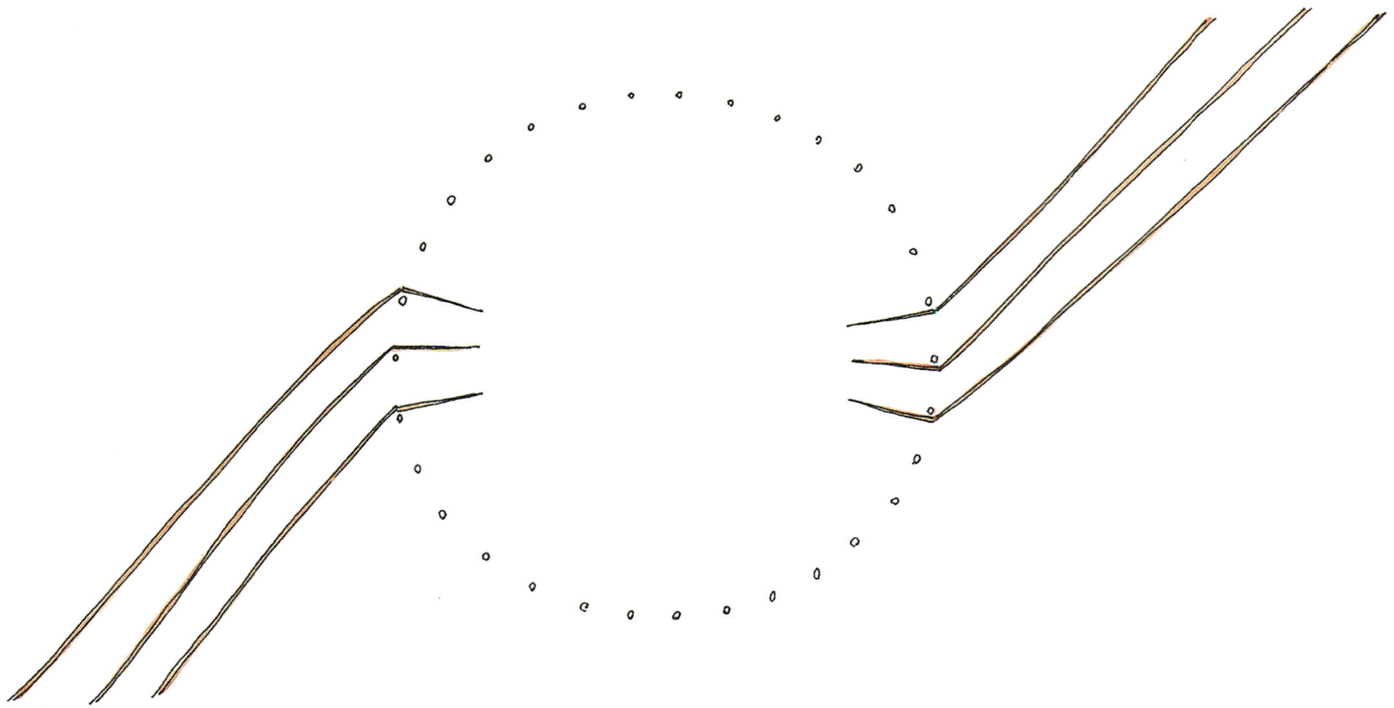

Großer Wäschekorb

Die Grundlage für den großen Wäschekorb bildet ein Kreuzboden aus vier und vier ca. 36 cm langen Bodenstaken. Flechten Sie das Doppelte Kreuzgeflecht (siehe Seite 18/19), bis der Durchmesser 24 cm beträgt. Flechten Sie danach von der Rückseite her eine Kimmrunde mit insgesamt sechs Weiden. Schneiden Sie 32 lange Staken in einer Länge von 120-140 cm ab (siehe "kleiner Wäschekorb" Seite 68). Wenn die Form unten rundlich sein soll, sollten Sie ein Lot an der Stelle anbringen, an der die Staken zusammengehalten werden. Nun können Sie mit der Kimme beginnen, aber da der Umfang so groß ist, flechten Sie mit zwei Kimmweidensätzen zu je drei Flechtweiden. Setzen Sie die Spitzen des einen Sets längs der drei Bodenstaken jeweils in den entsprechenden Zwischenraum; platzieren Sie das andere Set auf die gleiche Weise gegenüber des ersten (siehe Zeichnung).

Flechten Sie wie gehabt (siehe Seite 16/17) mit dem einem Weidenset, bis Sie das andere erreichen. Lassen Sie das erste Set dann liegen und flechten Sie mit dem zweiten bis zu der Stelle weiter, an der das erste zu Ende ist; verlängern Sie dabei dick mit dick. Lassen Sie das zweite Set liegen und flechten Sie mit dem ersten weiter – auch hier wird dick mit dick verlängert. Flechten Sie alle Weidenspitzen ganz ein, ohne dass sich die Sets an irgendeiner Stelle überlappen. Damit ist die erste Runde der Kimme abgeschlossen. Dafür haben Sie insgesamt 12 Flechtweiden verbraucht. Es werden dann noch 12 weitere Weiden auf dieselbe Art und Weise „gekimmt", aber so, dass sich die Weidenspitzen „verstecken" und damit auch die Verlängerungen verdeckt werden. Diese Kimmenart ist sehr kräftig, sodass es gut sein kann, dass Sie beim Flechten das Klopfeisen benutzen müssen. Flechten Sie nun das Englische Seitengeflecht Vorwärts.

Englisches Seitengeflecht Vorwärts

Wie auch bei dem kleinen Wäschekorb müssen hier ebenso viele Weiden wie Staken abgezählt werden. Die Weiden sollten reichen, um einmal ganz herum zu flechten und 25 cm Zugabe in der Länge haben. Es gibt einen schönen Effekt, wenn die Weidenstärke an den Spitzen und an den Wurzelenden sehr unterschiedlich ist.

Beginnen Sie, indem Sie eine Weidenspitze in einen beliebigen Zwischenraum legen und Leinenwebung flechten (siehe Seite 44), bis das dicke Ende schließlich hinter derselben Stake, an der man begonnen hat, ausläuft. Schneiden Sie das dicke Ende auf die gleiche Länge zu. Legen Sie dann eine neue Weidenspitze in den nächsten Zwischenraum rechts von dem, in dem Sie angefangen haben. Auf diese Weise rücken die unteren Enden der Flechtweide nach rechts (siehe Zeichnung). Machen Sie so weiter, bis alle Weiden verbraucht sind. Der Korb sollte dann überall gleichmäßig hoch sein.

Er bekommt noch das gewisse Extra, wenn Sie in jeder Runde zwei Flechtweiden (immer voneinander versetzt) nehmen. Auf diese Weise werden die Staken kontinuierlich von der Innen- und Außenseite glatt gedrückt. Passen Sie aber auf, dass Sie die Flechtweiden nicht wie beim Doppelten Kreuzgeflecht verkreuzen – die Flechtweiden müssen immer parallel liegen.

Normalerweise werden die meisten anfangen, mit den Wurzelenden zu flechten. Aber es ist besonders bei einer so kräftigen Flechtweide, wie sie hier verwendet wird, leichter, die Weide oder die Staken unter Kontrolle zu halten, wenn die Weide mit jeder Runde allmählich dicker wird. Der Vorteil beim Englischen Seitengeflecht ist, dass man nur mit einer oder mit zwei Weiden auf einmal flechtet, der Nachteil im Gegensatz zum Französischen Seitengeflecht ist allerdings, dass man beim Flechten immer sehr auf die Form achten muss.

In den großen Wäschekorb sind drei Flächen Seitengeflecht eingearbeitet. Es erfordert sowohl Zeit als auch Konzentration, die Seiten zu flechten. Wenn man gern ein makelloses und gleichmäßiges Ergebnis haben möchte (das ist ja nicht immer oberste Priorität), ist es sehr wichtig, sich entsprechend Zeit zu nehmen – blenden Sie alles andere aus und vertiefen Sie sich ganz in das Projekt. Wenn die einzelnen Runden nach und nach durch meine Hände entstehen und das Projekt dadurch „wächst", fühle ich mich manchmal an einen Töpfer an der Drehbank erinnert. Es geht dabei auch um Zentrierung und darum, den Überblick zu behalten, um ja kein Detail, das dem Projekt seine Form und Persönlichkeit gibt, zu vergessen.

Zum Abschluss flechtet man zwei Runden Kimme mit vier Weiden (zwei Sätze zu je zwei Weiden).

Wulst

Ich habe mir überlegt, dass der Deckel für den großen Korb nach innen gewölbt sein soll und sich deshalb nach unten neigt. Das sieht elegant aus und betont die Form des Korbes. Deshalb wird auf der Innenseite des Korbes eine Wulst geflochten, auf der dann der Deckel aufliegen kann.
Bereiten Sie acht Weiden in derselben Stärke wie die Kimmweiden vor. Nehmen sie vier davon und messen Sie vom Wurzelende ausgehend eine gute halbe Korbrunde ab. Schneiden Sie den Rest ab. Legen Sie die vier dünneren Enden jeweils in einen Zwischenraum und flechten Sie die Weide nach links vor eine Stake und hinter drei Staken (siehe Zeichnung 1). Verlängern Sie dick mit dick, wenn die Hälfte der Runde geflochten ist, und fahren Sie dann fort, bis Sie an den Anfang zurückgekommen sind. Dort schließen Sie die Runde so ab, dass Sie die Flechtweide längs der vier Weiden, die zuerst eingeführt worden sind, ziehen (siehe Zeichnung 2).
Flechten Sie eine Runde Doppeltes Kreuzgeflecht und anschließend einen schlichten Rand wie auf Seite 56 beschrieben.

Deckel

Der Deckel wird wie auf Seite 71 erklärt geflochten, aber mit einem Vier-plus-vier-Kreuzboden, der bereits von Anfang an so gedreht ist, dass man ihn normalerweise als umgedrehte Rückseite betrachten würde. Der Deckel soll sich ja nach unten in den Korb wölben.
Wenn er einen Durchmesser von ca. 25 cm hat, wird die Kimme mit drei Weiden (zwei Sets) geflochten. Danach werden die Seitenstaken eingesetzt – dafür sind die abgeschnittenen Enden von den Korbstaken wahrscheinlich nicht kräftig genug.
Teilen Sie die Seitenstaken gleichmäßig auf. Es ist sehr wichtig, dass die Staken gut eingepflöckt werden, damit die Kimme fest und eng wird. Das ist sicherlich nicht ganz einfach, wenn man gleichzeitig auf die Form achten soll!
Sobald der Durchmesser bis auf einen Zentimeter vom Rand seine volle Größe erreicht hat, arbeiten Sie einen schlichten Rand ein. Dieser Rand wird von der „Vorderseite" des Deckels aus geflochten, sodass die abgeschnittenen Enden dann nach unten in den Korb zeigen.

1

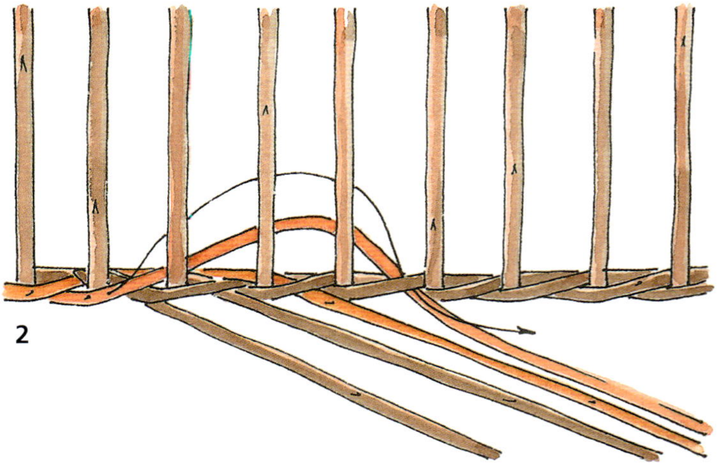

2

1

2

3

Gedrehter Henkel

Der Deckel ist erst dann fertig, wenn ein Henkel angebracht worden ist. Auch hier kann man auf einen Lochstein zurückgreifen. Ich bin aber der Meinung, dass man das Projekt am besten mit einem kleinen, festen Henkel fertig stellt. Nehmen Sie eine Weide in einer Länge von 120-140 cm – eine flexible Sorte wie die Bruchweide eignet sich dafür sehr gut. Legen Sie das Wurzelende unter Ihren linken Fuß und fangen Sie an, das Ende von Ihrem Körper weg bis hin zur Spitze zu rollen. Führen Sie diese Rollbewegung dann entlang der Weide nach unten in einer S-Bewegung aus, sodass es fast so ist, wie wenn Sie mit Armen und Beinen Fahrrad fahren. Nahezu der ganze Körper schwingt bei dieser Drehung mit. Wenn man mit dem Henkel anfängt, wird sich die Windung zunächst wieder auflösen. Man muss sie deshalb kontinuierlich und sehr fest um das Stück Weide drehen, mit dem man arbeitet. Stecken Sie das Wurzelende in die Ecke des Kreuzbodens vor die äußerste Stake des Kreuzes ein. Diese wird ab jetzt als die rechte Ecke bezeichnet. Führen Sie die Weide zur linken Ecke, dann hinunter auf die Rückseite und unter einer Bodenstake wieder hoch (siehe Zeichnung 1). Führen Sie die Weide dann von der Außenseite um den Bogen herum. Winden Sie die Weide zwei- bis dreimal herum und führen Sie diese „vor dem Bogen" auf die Rückseite des Deckels und dann unter einer Stake wieder heraus (siehe Zeichnung 2). Winden Sie die Weide wieder zurück. Fahren Sie solange fort, bis der kleine Henkel ausgefüllt ist (siehe Zeichnung 3). Zum Schluss die Enden an der Rückseite verweben.

Erntekorb

Kann man sich etwas Schöneres und Poetischeres vorstellen, als mit seinem Erntekorb unterm Arm in den Garten zu gehen und einen Strauß duftender Blumen zu schneiden? Ich kann das bei mir zu Hause leider nicht machen, es sei denn, Hagebutten zählen auch. Aber der Korb eignet sich glücklicherweise ebenso für Gartenkräuter, Obst und Gemüse. Man kann ihn auch mit Schätzen aus dem Garten, die sich sehr schön auf dem flachen Boden arrangieren lassen, füllen und dann als Gastgeschenk überreichen.

Der Erntekorb lässt sich ohne große Schwierigkeiten flechten, wenn man genau darauf achtet, dass er nicht zu groß wird. Das kann allerdings das Schwierigste an dem ganzen Projekt sein.

Im Folgenden sehen Sie drei verschiedene Modelle, die sich sehr ähneln, die aber alle ein wenig unterschiedlich gearbeitet sind.

Kleiner Erntekorb aus Bruchweiden

Die Grundlage für diesen Korb bildet ein Drei-plus-drei-Kreuzboden (siehe Seite 58-61). Er wird so geflochten, dass das ganze Modell sehr flach ist.

Suchen Sie für die Bodenstaken sehr zarte Weiden aus, damit man den Boden nach dem Flechten noch formen kann.

Flechten Sie Doppeltes Kreuzgeflecht (siehe Seite 62) bis der Durchmesser ca. 22 cm beträgt. Bereiten Sie 24 Staken in einer Länge von 100-120 cm vor – die Stärke der Staken muss so sein, dass man aus den letzten 20 cm vor dem Wurzelende eine Rollkante flechten kann (siehe Seite 78/79). Pflöcken Sie die Staken sehr gut auf jeder Seite der Bodenstaken ein und flechten Sie dann eine Kimme aus drei Weiden (siehe Seite 16/17). Achten Sie besonders darauf, dass die Kimme so eng und fest wie möglich gearbeitet wird. Aufgrund der starken Rundung möchte sie sich nämlich gerne wieder zurückschieben und lockern. Wenn der Korb später in seine Form gebracht wird, würden dann aber einige Lücken entstehen.

Es ist gut, wenn man sich einen Arbeitsplatz sucht, an dem man stehen und sich beim Flechten über den Korb beugen kann.

Dieses Projekt erfordert nämlich sehr viel Platz, sobald die Staken eingesetzt worden sind. Ich selbst habe eine laminierte Platte (die hat den Vorteil, dass sie sehr glatt ist und die Weide nicht abwetzt), die ich draußen auf Böcke in Oberschenkelhöhe lege. Das ist eine geeignete Höhe, besonders, wenn man die Ränder flechtet.

Wenn der Durchmesser des Korbes ca. 36 cm beträgt, wird er in seine Form gebracht. Das bedeutet, dass er bearbeitet wird: Mit einer Schnur, die man von einer Seite zur anderen zieht, wird er leicht an den zwei Seiten nach oben gezogen. Danach schließt man das Flechtwerk mit einer Rollkante, in die ein Henkel eingearbeitet wird, ab. Das ist von Vorteil, denn bei dieser Korbart kann es sehr schwierig sein, ein „Seil" als Henkel richtig fest zu bekommen. Zudem kann man an diesem Rand auch üben, gleichmäßig zu arbeiten. Beim ersten Mal ist es deshalb gut, sehr weiche und flexible Weiden wie z. B.. die Mandelweide zu verwenden. Ich empfehle auch, zwischen den Staken ausreichend Platz zu lassen.

Gegenüberliegende Seite: Es ist richtig gut, dass man den Henkel und den Rand in einem Arbeitsgang flechten kann. Allerdings wird die Weide bei diesem Rand im Gegensatz zum traditionellen auf ganz andere Art und Weise geflochten.

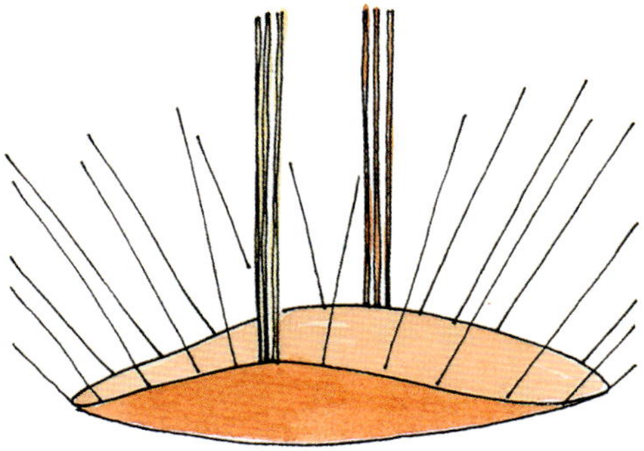

1

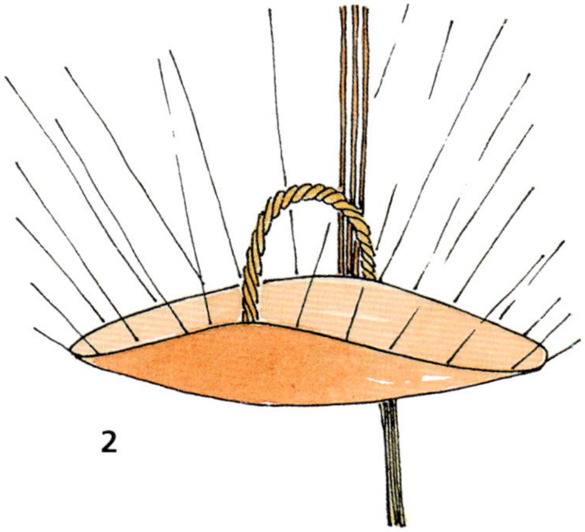

2

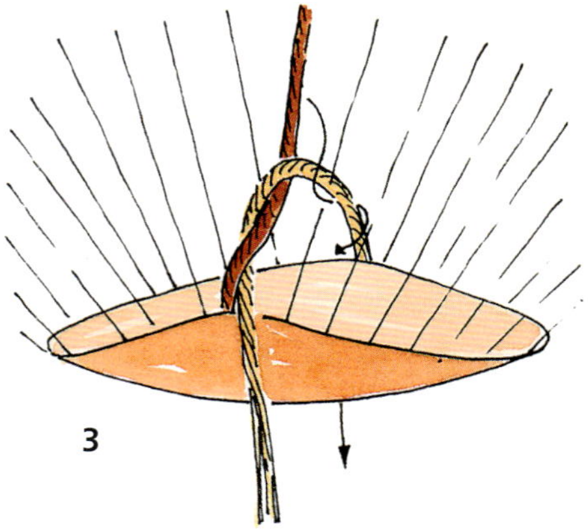

3

Rollkante mit integriertem Henkel – von der Außenseite geflochten

Setzen Sie an der Stelle, an der sich der Korb nach oben biegt, an jeder Seite zwei weitere Staken ein (siehe Zeichnung 1). Drehen Sie das eine Set aus drei Weiden – halten Sie es dabei mit beiden Händen fest – von Ihrem Körper weg und halten Sie dabei den Korb mit einem Fuß fest. Führen Sie dann das gewundene Weidenset zu dem ihm gegenüberliegenden Set (siehe Zeichnung 2). Das gewundene Set ist dann in Ruheposition, wenn Sie das andere Weidenset auf die gleiche Weise von Ihrem Körper weg winden. Legen Sie nun die Höhe des Henkels fest, indem Sie das ruhende Weidenset entgegengesetzt um das andere winden – Sie arbeiten also auf Ihren Körper zu. Winden Sie es drei- bis viermal (siehe Zeichnung 3) und lassen Sie dann die Enden jeweils an beiden Seiten des Korbes auslaufen.

Machen Sie dann mit der Rollkante weiter, indem sie auf der einen Seite rechts neben den Henkel zwei weitere Weidenstaken platzieren. Nehmen Sie die drei Weiden des Henkels, rollen Sie diese von Ihrem Körper weg und führen Sie die drei Weiden (Rollen) vor die mit zwei Weiden verstärkte Stake und dann wieder in den Korb hinein (siehe Zeichnung 4) – man arbeitet dabei von der Außenseite. Das Set ist dann in Ruheposition, halten Sie es mit dem Fuß oder mit einer Wäscheklammer fest. Nehmen Sie nun das Set, an dem Sie eben „vorbeigekommen" sind, ziehen Sie es rechtwinklig aus dem Rand heraus und rollen Sie es von Ihrem Körper weg. Führen Sie es dann mit einer festen Bewegung vor eine Stake und wieder in den Korb hinein, wo es ausläuft (siehe Zeichnung 5).

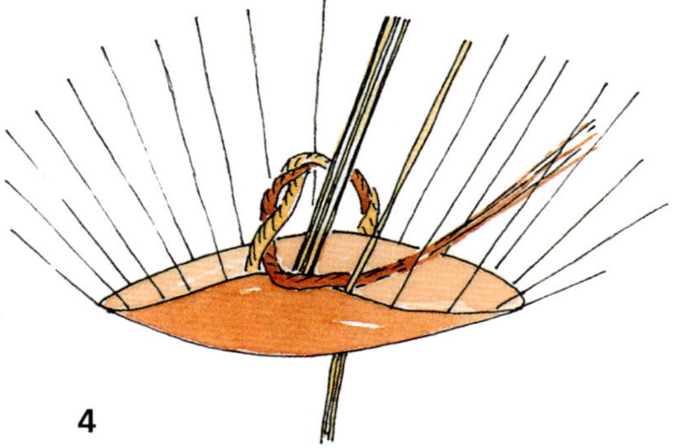

4

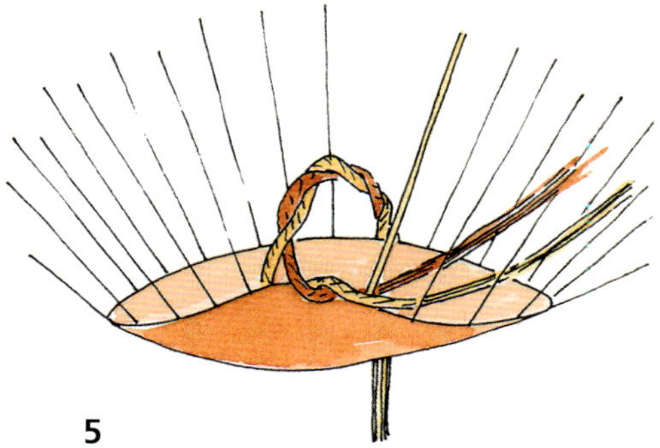

5

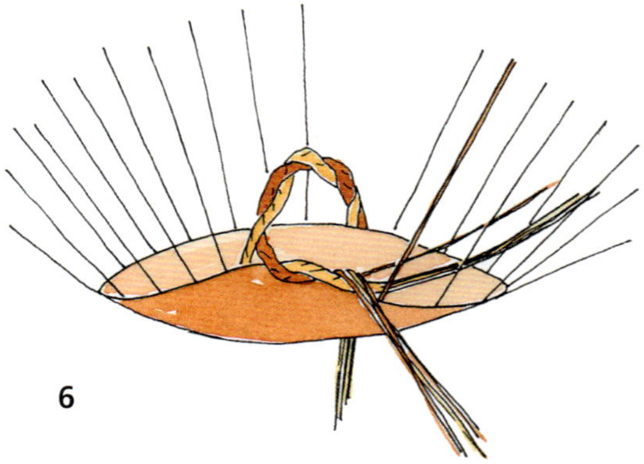

6

Nehmen Sie nun zwei Weiden des ersten ruhenden Sets und heben Sie diese hoch. Drehen Sie diese gleichzeitig mit den Staken, die rechts davon stehen – bewegen Sie dabei die Weide von Ihrem Körper weg. Vergessen Sie dabei auch nicht, sie rechtwinklig aus dem Rand des Korbes zu ziehen (siehe Zeichnung 6). Führen Sie die Weiden (die Rolle) vor eine Stake und hinter eine Stake und dann in Ruheposition. Nun ist noch eine Weide im Korb übrig. Machen Sie solange damit weiter, zwei Weiden anzuheben und eine Weide bei jedem Flechtschlag zurückzulassen, bis sie die andere Seite des Henkels erreichen; diese Seite behandelt man wie eine Stake. Das ruhende Set, das in Warteposition ist, dient als Platzhalter für das fehlende „Stakenset". Auf der Innenseite des Korbes ist für jeden Flechtschlag immer noch eine Weide übrig. Die Kante wird ganz einfach abgeschlossen: Die letzten beiden Weidensets werden so weit wie möglich in die Kante eingerollt, wo dann einige der Weiden unter dem Boden abgeschnitten werden, während die letzten anderen Weiden vernäht werden. Nach ein paar Tagen ist der Korb getrocknet. Dann kann die Stützschnur abgenommen werden.

Kleiner Erntekorb in „Französisch"

Dieser Korb besteht aus einem Vier-plus-vier-Kreuzboden (siehe Seite 58-61). Ich habe die Bauchseite der Bodenstaken nach oben geflochten. Das hat den Vorteil, dass der Korb seine Form ohne Stützschnur selbst halten kann. Dafür „wölbt" er sich im Ganzen ein wenig. Es ist schwierig, den Korb ganz flach zu halten, wenn man ihn aus Bruchweide flechtet. Bis zu einem Durchmesser von ca. 28 cm wird das Doppelte Kreuzgeflecht mit verdeckter Verlängerung geflochten (siehe Seite 71). Dann werden 16 Seitenstaken – eine an jeder Bodenstake – angepflöckt. Wenn die Bodenstaken nicht direkt im Weg stehen, können Sie diese, anstatt sie abzuschneiden, auch schön an den Seitenstaken entlang führen. So ergibt sich ein fließender Übergang zwischen dem Kreuzgeflecht und der Kimme. Dadurch wird der Boden schön eng und verstärkt sich. Flechten Sie die Kimme aus drei Weiden (siehe Seite 16/17), bis der Korb die gewünschte Größe hat und genug Platz zwischen den Staken ist.

Der gedrehte Henkel bildet einen natürlichen Übergang zur Rollkante, bei diesem Beispiel von der Innenseite aus geflochten.

Rollkante mit integriertem Henkel – von der Innenseite geflochten

Um eine Rollkante von der Innenseite zu arbeiten, winde ich immer auf meinen Körper zu und zwirne den Henkel von mir weg. So liegt dann die „zurückgelassene" Weide auf der Unterseite; genau andersherum wie in der Beschreibung auf der vorigen Seite. Rollen Sie anschließend den Rand sorgfältig wie eben beschrieben, aber von der Innenseite des Korbes. Da die Staken hier nicht so dicht stehen, ist es leichter, in eine fließende Rollbewegung hineinzukommen.

Der große flache Korb eignet sich gut für ein Büffet. Man kann in ihm sehr schön Brot, Käse oder Früchte anrichten.

Großer flacher Korb aus Mandelweiden

Kaum hatte sich mit Beginn der Weihnachtsferien ein bisschen Ruhe über all die Vorbereitungshektik der letzten Wochen gelegt, da stand, als ich gerade beim Plätzchenbacken war, eine freundliche, aber sehr verzweifelte Dame vor meiner Küchentür.
Sie war in der ganzen Stadt herumgelaufen, um einen flachen Korb für ihre Schwiegertochter zu bekommen – ohne Erfolg. Dann hatte sie davon gehört, dass ich Körbe flechten würde, und deshalb wollte sie anfragen, ob ich ihr helfen könnte. Ihr war klar, dass der 21. Dezember ein wenig spät für eine Bestellung ist. Doch bei dem Einsatz, den die Dame an den Tag legte, konnte ich einfach nicht nein sagen. Sie holte ihren Korb dann am 23. Dezember ab und war glücklich. Ich hoffe, ihre Schwiegertochter auch.

Der Korb für die Dame hatte genau wie das ganz flache Modell einen Boden aus Französischem Seitengeflecht, das bei diesem Flechtwerk sehr schön zur Geltung kommt. Die Bodenstaken, die fast ganz an die Kante reichen, werden auf 50 cm Länge für einen Fünf-plus-fünf-Kreuzboden zurechtgeschnitten. Beginnen Sie wie auf Seite 60 beschrieben, aber flechten Sie nur Doppeltes Kreuzgeflecht mit insgesamt vier Weiden (zwei Sets). Flechten Sie danach einfaches Französisches Seitengeflecht (siehe Seite 54/55) mit Flechtweiden in einer Länge von 140-160 cm. Diese werden mit den Spitzen zuerst eingelegt, nachdem die äußersten 10 cm abgeschnitten worden sind.
In den ersten Runden macht es keinen Spaß, die Flechtweiden unter Kontrolle zu halten. Es ist also kein Projekt, das man flechten sollte, wenn man das Französische Seitengeflecht nicht beherrscht.

Am besten sollte man draußen auf einer Platte im Hof flechten, wo der Fuß als Lot zu Hilfe genommen werden kann und alle Weiden viel Platz haben, um sich auszubreiten.

Wenn Sie bereits geübt sind, können Sie sich die Sache auch ein wenig erleichtern, indem sie mehrere Weiden parallel flechten. Dann können Sie den Korb häufig drehen und wenden und werden die langen Flechtweiden „schneller los". Beginnen Sie wie gewohnt: eine Weide, ein Flechtschlag. Flechten Sie die nächste Weide zwei Flechtschläge und die dritte drei Flechtschläge – nehmen Sie evtl. noch eine vierte hinzu und flechten Sie vier Flechtschläge. Flechten Sie die nachfolgende Weide dann vier Flechtschläge oder bis ganz hin zum ersten Flechtschlag (siehe Abbildung A). Wenn Sie zum Ausgangspunkt zurückgekommen sind, flechten Sie die ganze Zeit mit der untersten Weide weiter, ohne andere Flechtweiden zu kreuzen (siehe Abbildung B). Wenn sich die Weide dem Ende zuneigt, lassen Sie das kräftigere Ende unter der entsprechenden Stake auslaufen. Flechten Sie nun die Kimme mit zwei Sets zu je drei Weiden (siehe Seite 72). Bereiten Sie danach 40 Staken vor und pflöcken Sie diese so fest wie möglich längs der Bodenstaken ein. Flechten Sie dann wieder zwei Sets Kimme mit drei Weiden, bilden Sie einen Henkel und arbeiten Sie den Rand (siehe Seite 79). Bei diesem Projekt sind die Staken verhältnismäßig eng platziert. Deshalb ist es relativ schwierig, den Rand zu arbeiten.

Himmlische Schale

Wenn man beim Kreuzboden einmal mit Französischem Seitengeflecht angefangen hat, kann einen das sehr schnell begeistern und man hat – wie bei dieser Schale – Lust, mit den Farben zu spielen. Ein sehr schönes Farbenspiel lässt sich erzielen, wenn man zwischen der Bruch- und der Purpurweide wechselt.

Es wirkt fast so wie Samt, der im Licht changiert. Bei diesem Projekt eignet sich eine Verschnürung besonders gut, bei der man mit dem Wurzelende anfängt; 12 Bodenstaken sind am besten. Hier die geflochtene Kante zu arbeiten ist im Vergleich zur Rollkante eine wahre Erholung.

Die geflochtene Kante hat den großen Vorteil, dass sie gleichzeitig auch als Henkel dient. So muss man sich keine Gedanken machen, wie man einen Henkel in die Schale einarbeitet.

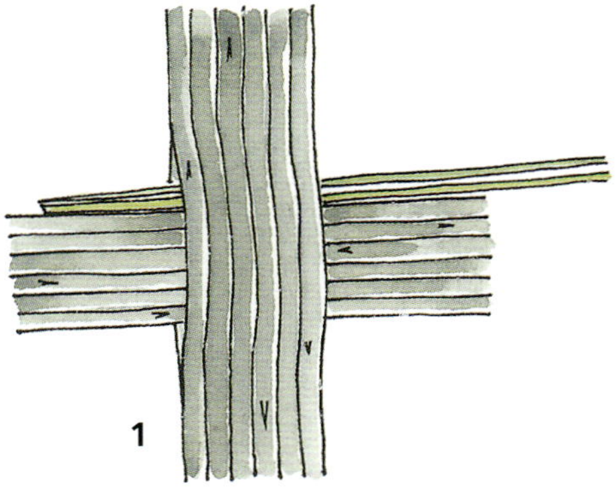

1

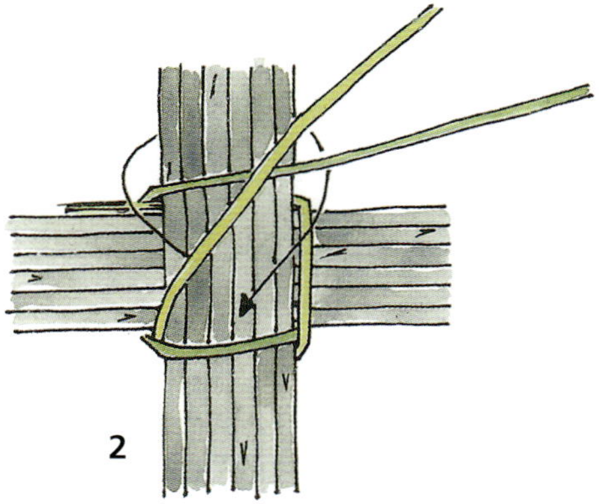

2

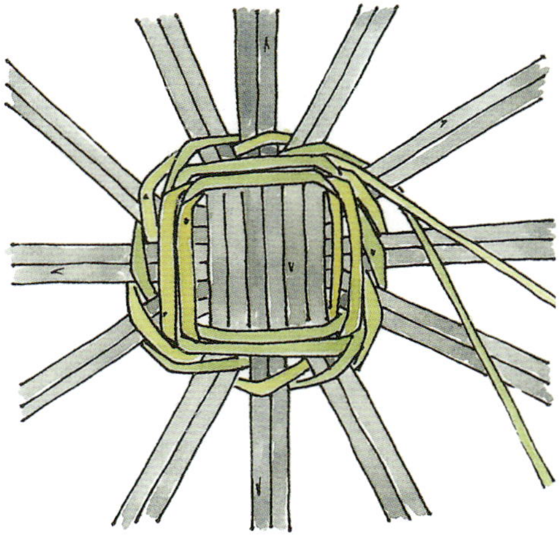

3

Kreuzboden mit Weidenenden verschnürt

Flechten Sie für die Schale einen stabilen Sechs-plus-sechs-Kreuzboden aus Staken in einer Länge von 60 cm. Der Durchmesser des fertigen Bodens sollte ca. 50 cm betragen. Nehmen Sie zwei schlanke und flexible Weiden mit einer Länge von 120-140 cm. Schneiden Sie beide Wurzelenden 7 cm lang ein und stecken Sie diese in die Spaltöffnung – sie dürfen gerne ein bisschen herausragen, damit man sie gleich von Beginn an gut festhalten kann (siehe Zeichnung 1). Flechten Sie die Weiden nun als Doppeltes Kreuzgeflecht, indem Sie sie mit jedem Flechtschlag sehr eng und fest in die Ecke des Kreuzes führen (siehe Zeichnung 2). Machen Sie damit so lange weiter, bis sie zwei Runden Kreuzgeflecht um das Kreuz herum geflochten haben. Nun teilen Sie die Bodenstaken – in der ersten Runde zwei und zwei – und flechten Sie dann paarweise um die Staken (siehe Zeichnung 3).

Dabei werden die Flechtweiden dünn mit dünn verlängert. Als nächstes flechten Sie eins und eins um die Staken (siehe Zeichnung 4). Wenn dick mit dick verlängert wird und die Spitzen ganz eingeflochten sind, sollten die Bodenstaken gleichmäßig verteilt sein.

Zählen Sie 24 Flechtweiden für das Französische Seitengeflecht ab (siehe Seite 54/55). Verwenden Sie evtl. verschiedenfarbige Weiden und führen Sie diese abwechselnd ein. Dadurch erhalten Sie beim Flechten ganz automatisch Streifen.

Den Abschluss der Schale bildet eine breite Kimme mit zwei Sets aus je drei Weiden (siehe Seite 72). Flechten Sie von der Rückseite des Korbes aus, sodass das Geflecht innerhalb der Schale wie Doppeltes Kreuzgeflecht aussieht; auf der Rückseite bekommt die Schale dadurch Stand. Wenn die Schale den gewünschten Durchmesser erreicht hat, der Abstand zwischen den Bodenstaken aber maximal 6-7 cm beträgt, bereiten Sie 24 Seitenstaken mit einer Länge von 120-140 cm vor. Schneiden Sie die Bodenstaken so knapp wie möglich an der Kimme ab und pflöcken Sie eine Stake längs in jede Bodenstake ein. Dann haben Sie richtig gut Platz, um einen Rand zu flechten.

Damit der Rand gleichmäßig wird, ist es am einfachsten, wenn die Staken nicht zu eng stehen.

Nehmen Sie die Staken hoch (siehe Seite 64) und flechten Sie eine Runde Kimme mit zwei Sets zu je drei Weiden, damit Sie die Höhe der Schale ungefähr abschätzen können, bevor Sie die Kante flechten.

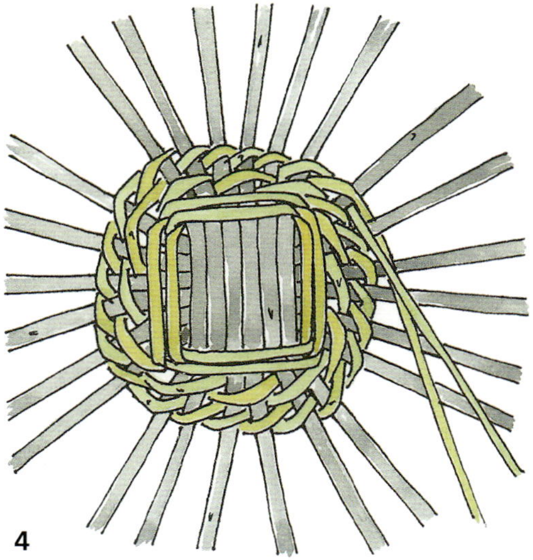

4

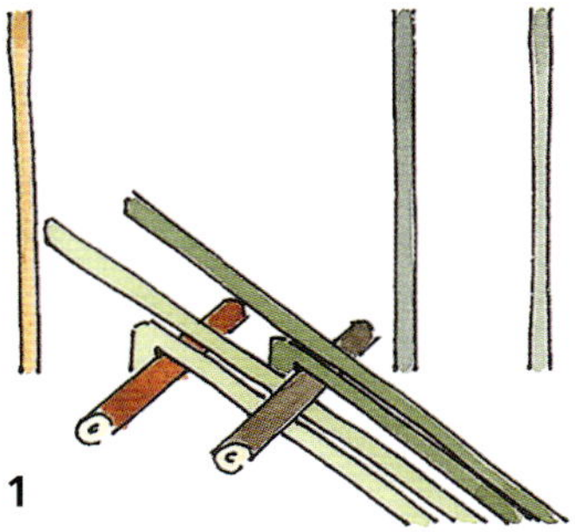

1

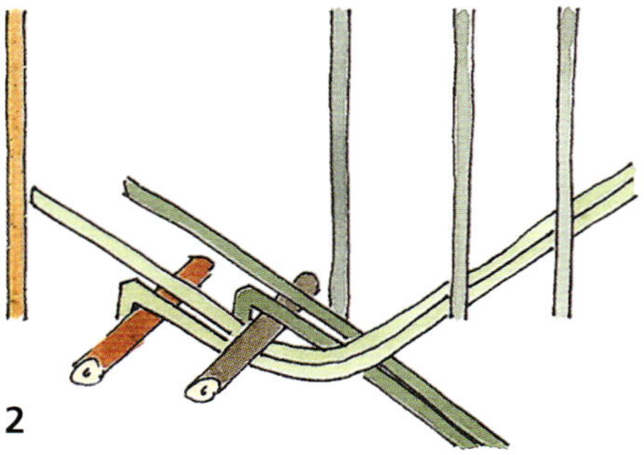

2

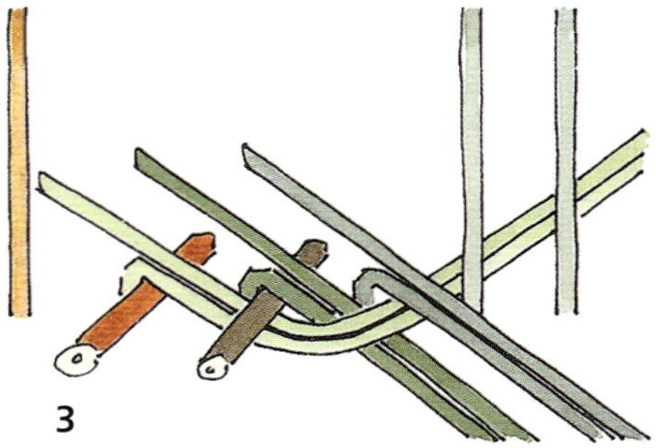

3

Geflochtene Kante

Diese hübsche und schlichte Kante ist bestens als Abschluss für eine Schale geeignet, bei der sie gleichzeitig auch als Griff dient. Nehmen Sie drei zusätzliche Flechtweiden in der gleichen Stärke wie die Staken und zwei kleinere Weidenstücke als Hilfsweiden. Legen Sie eine Hilfsweide nach rechts vor eine Stake und biegen Sie die Stake im rechten Winkel über die Hilfsweide. Legen Sie das Wurzelende einer der drei zusätzlichen Flechtweiden an der Seite ab, sodass ca. 12 cm in Warteposition im Korb liegen. Wiederholen Sie diesen Vorgang mit der Stake zur Rechten (siehe Zeichnung 1).

Nehmen Sie das linke Weidenpaar und führen Sie es in weichem Bogen über das nächste Paar, vor eine aufrecht stehende Stake und dann in den Korb hinein (siehe Zeichnung 2). Man darf nicht zu fest flechten. Legen Sie nun die dritte aufrecht stehende Stake über das Paar, das gerade in den Korb hineingelegt worden ist. Platzieren Sie die dritte zusätzliche Flechtweide seitlich davon. Nun haben Sie zwei Paare vor dem und ein Paar im Korb (siehe Zeichnung 3). Nehmen Sie das linke Paar der Korbvorderseite und führen Sie es in einem weichen Bogen über das nächste Paar, vor eine aufrechtstehende Stake und dann in den Korb hinein.

Nun liegen zwei Paare im Korb und eins auf der Außenseite des Korbes (siehe Zeichnung 4). Legen Sie die vierte aufrechtstehende Stake nach unten auf das Paar, das gerade in den Korb hineingelegt worden ist. Nehmen Sie das linke Paar der Innenseite und führen Sie es in einem weichen Bogen auf die Außenseite des Korbes, sodass es parallel zu der Stake liegt, die gerade nach unten gelegt worden ist (siehe Zeichnung 5). Nun besteht das letzte „Paar" aus drei Weiden. Flechten Sie weiter und lassen Sie immer die Weide zurück, die im 3er-Weidenset rechts liegt – schneiden Sie diese dann zum Schluss unter der Kante ab.

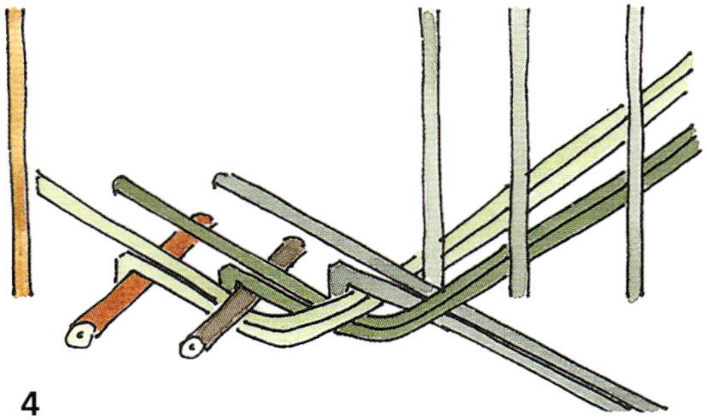

4

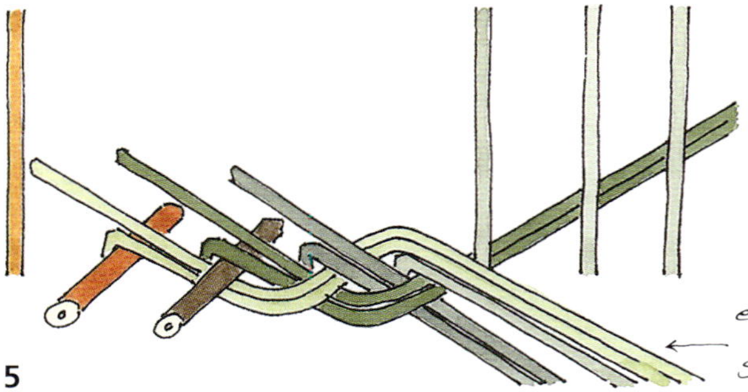

5

6

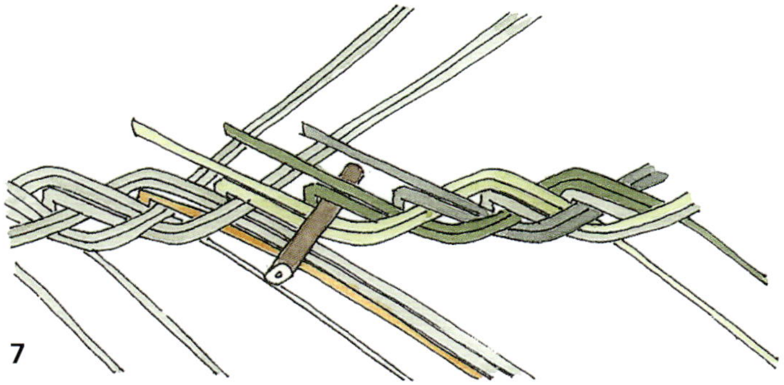

7

Machen Sie nun in diesem Flechtrhythmus weiter, indem Sie immer mit dem Paar arbeiten, das links liegt – sowohl von der Außen- als auch von der Innenseite des Korbes her (siehe Zeichnung 6).
Wenn Sie wieder am Ausgangspunkt angelangt sind, erleichtern Ihnen die Hilfsweiden den Abschluss. Entfernen Sie die erste Hilfsweide und führen Sie das linke Paar der Vorderseite über ein Paar und dann an der Stelle hindurch, an der die Hilfsweide positioniert war. Lassen Sie die Staken dann in die Innenseite des Korbes auslaufen.

Das zweite Paar auf der Außenseite des Korbes wird auf die gleiche Art und Weise über ein Paar (das erste, das geflochten worden ist) und dann an der Stelle hindurch geführt, an der die zweite Hilfsweide positioniert war. Lassen Sie es ebenfalls in die Innenseite des Korbes auslaufen (siehe Zeichnung 7).
Bevor der Rand ganz fertiggestellt werden kann, müssen die übriggebliebenen Enden zunächst bearbeitet werden: Ziehen Sie die nach innen stehenden Enden über den Daumen. So verhindern Sie, dass sie an der falschen Stelle brechen.

Verflechten Sie die Wurzelenden, die von Anfang an in Ruheposition waren: Führen Sie ein Wurzelende zwischen eine Öffnung und dann auf der Vorderseite des Korbes wieder heraus (siehe Zeichnung 8). Ziehen Sie jedes Paar auf der Innenseite nach links, um Platz zu schaffen. Nehmen Sie zum Schluss jeweils die rechte Flechtweide eines Paares, das auf der Innenseite liegt, und führen Sie die Weide nach außen, sodass sie sich dem Flechtmuster anpasst (siehe Zeichnung 9). Die drei noch auf der Innenseite des Korbes verbliebenen Weiden kann man entweder direkt dort abschneiden oder vorher noch auf die Vorderseite führen.

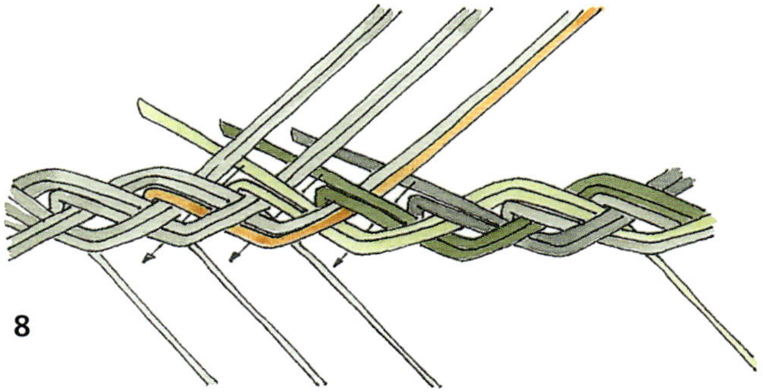

8

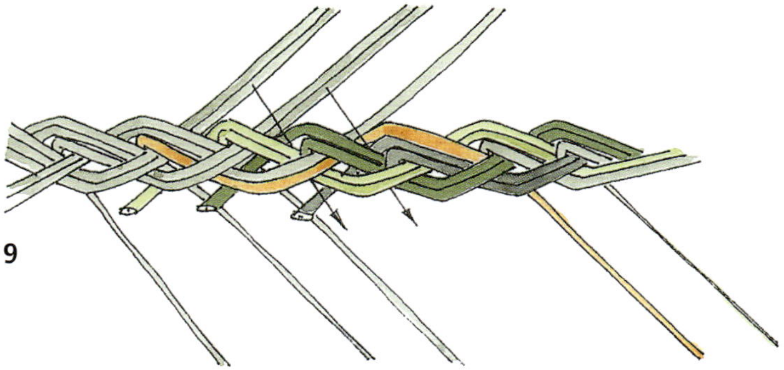

9

Sonnenscheintablett

Dieses Tablett teilt sich sein Zuhause normalerweise mit einem süßen Hund, der allerdings sehr gerne Sachen zerbeißt – mit Vorliebe Weiden. Das Tablett ist in den letzten Jahren immer mal wieder in meiner Flechtwerkstatt aufgetaucht, damit die Griffe erneuert werden. Und jedes Mal habe ich gedacht, so eins möchte ich auch mal flechten. Ich finde, die Bodenstaken strahlen mit der Sonne um die Wette – daher der Name. Bei diesem Boden kann man sich die unterschiedlichsten Farben zu Nutze machen; es sind viele kontrastreiche Kompositionen ganz nach dem eigenen Geschmack möglich.

Für Tabletts wählt man häufig einen Holzboden. Aber mit dieser Flechttechnik wird auch der Boden sehr gleichmäßig, sodass das ganze Tablett aus Weiden geflochten werden kann. Noch dazu macht das Flechten richtig Spaß. Man möchte die ganze Zeit neue Farbkombinationen ausprobieren. Außerdem ist es eine gute Gelegenheit, gedrehte Henkel zu üben.

Der Kreuzboden wird genau wie bei der Himmlischen Schale (siehe Seite 83) geflochten, bis das Doppelte Kreuzgeflecht fertig ist. Anschließend flechtet man sechs breite Runden Slewing (siehe Seite 96), bei der die Weiden für eine Runde alle gleichzeitig verflochten werden.
Man verwendet kurze Weiden von 70-100 cm Länge. Legen Sie insgesamt sechs Stöße mit zwölf bzw. acht und sechs Weiden zusammen – die Weiden werden stufenweise länger (siehe Zeichnung 1). Ein Stoß reicht für eine Runde. Den kürzesten verwendet man zuerst und mit dem Längsten schließt man ab.
Führen Sie das erste Wurzelende hinter eine Stake, vor eine Stake, hinter eine Stake und auf der Vorderseite wieder heraus. Gehen Sie vier Staken nach links und flechten Sie in dem gleichen Rhythmus noch eine Weide in die richtige Position, sodass sie der ersten folgt (siehe Zeichnung 2). Machen Sie solange weiter, bis alle sechs Weiden eingearbeitet sind, und flechten Sie so lange, bis sechs Weiden Seite an Seite auf den Bodenstaken liegen. Lassen Sie die Spitzen nach hinten auslaufen (siehe Zeichnung 3).

Die nächste Runde wird auf die gleiche Art und Weise geflochten. Man beginnt allerdings versetzt, sodass der breite Streifen wechselweise über und unter den Bodenstaken verläuft. Wenn Sie bei dem Stoß mit acht Weiden angekommen sind, können die Flechtweiden abwechselnd hinter jede vierte und jede zweite Bodenstake eingelegt werden. Wenn Sie den Stoß mit zwölf Weiden erreicht haben, führen Sie die Flechtweiden hinter jede zweite Bodenstake ein.
Lassen Sie nach und nach die Streifen etwas breiter nach außen auslaufen und denken Sie daran, dass Sie über die Weiden „bestimmen". Selbst die dünnen habe eine große Kraft, wenn Sie parallel nebeneinander liegen.
Schließen Sie mit einer Runde Kimme mit zwei Sätzen zu je drei Weiden, von der Rückseite geflochten, ab. Staken Sie dann auf und flechten Sie die Kimme wie auf Seite 64 und 72 beschrieben.
Dieser Rand ist ein „Vier-hinter-zwei"-Rand. Er bietet sich für dieses Projekt an.

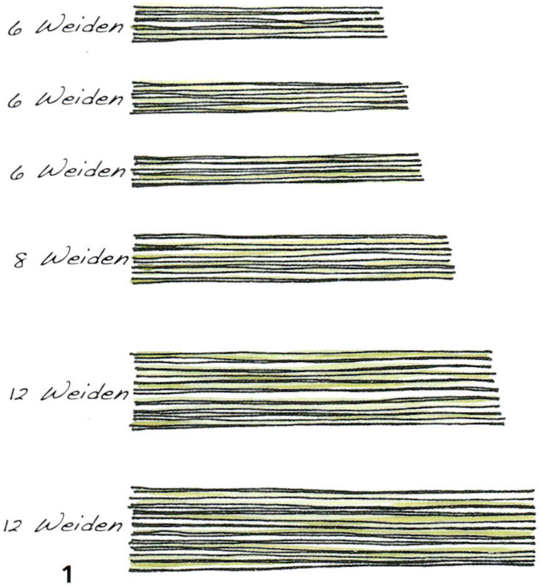

1

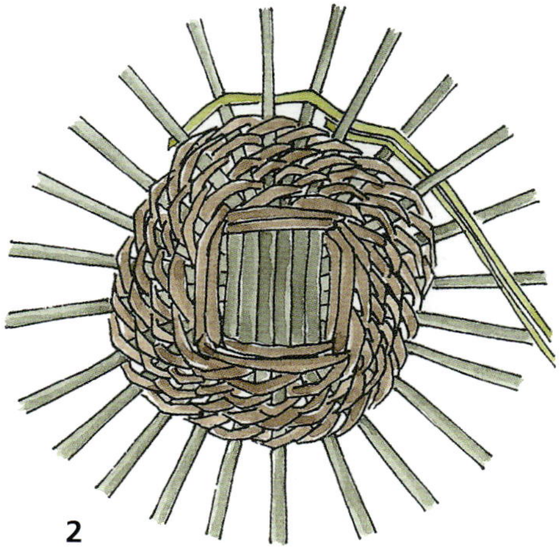
2

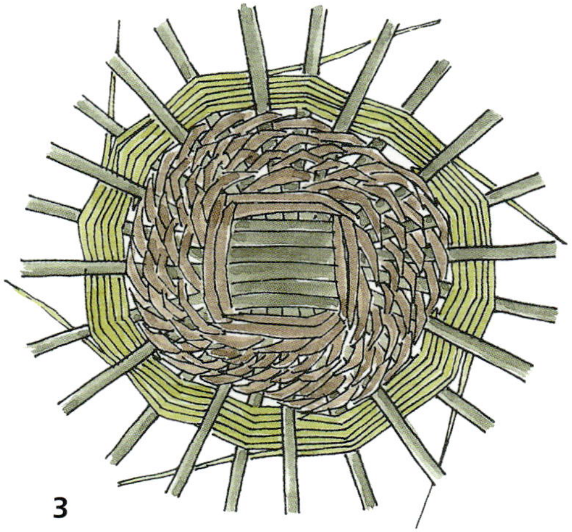
3

„Vier-hinter-zwei"-Rand

Der „Vier-hinter-zwei"-Rand ist einer der am häufigsten geflochtenen Ränder überhaupt. Es war der erste Rand, den ich gelernt habe. Er wurde bereits in vielen Weidenbüchern erwähnt. Ich habe mich trotzdem dazu entschlossen, ihn hier noch einmal zu erklären. Ich versuche, dabei auf die Stellen einzugehen, bei denen meiner Meinung nach einige Flechter Probleme haben.

Biegen Sie fünf Staken 1,5 Weidenstärken über der Kimme über den Daumennagel vor. Führen Sie die erste vorgebogene Stake (ganz links) hinter zwei Staken nach rechts und dann zur Vorderseite wieder heraus (siehe Zeichnung 1). Verfahren Sie dann ebenso mit der zweiten, dritten und vierten Stake (siehe Zeichnung 2). Daher hat der Rand seinen Namen.

Nehmen Sie die erste Stake A (ganz links außen) und führen Sie diese vor drei Staken, hinter eine Stake und zur Vorderseite wieder heraus. Denken Sie beim Vorwärtszählen daran, dass die liegende Stake mit „Knie" (Beuge) mitgezählt wird (siehe Zeichnung 3).

1

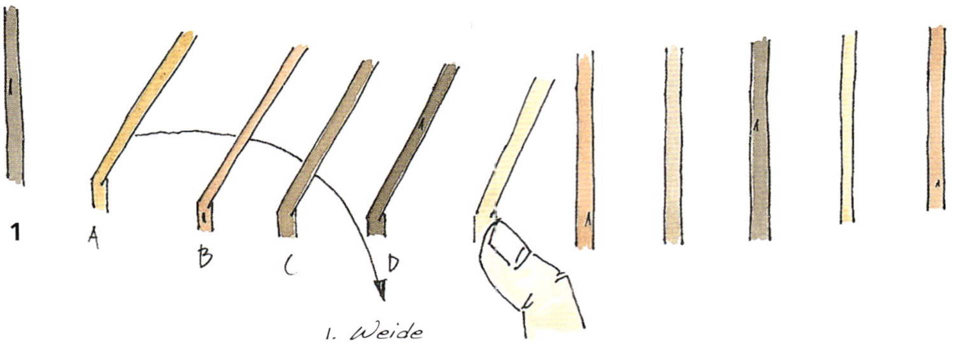

2

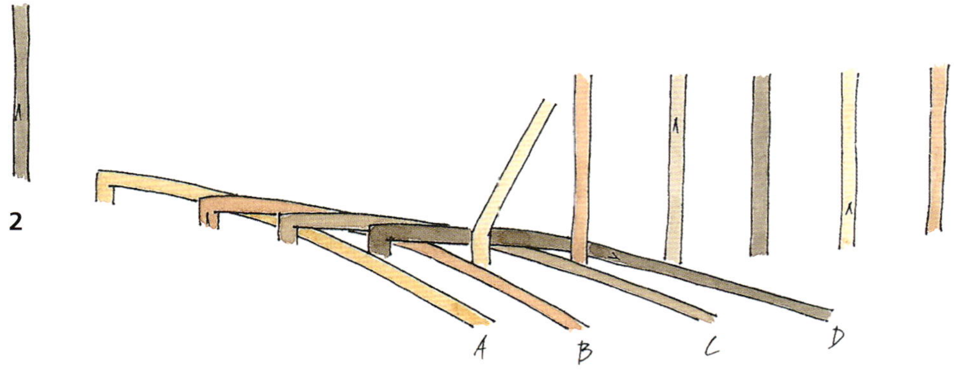

3

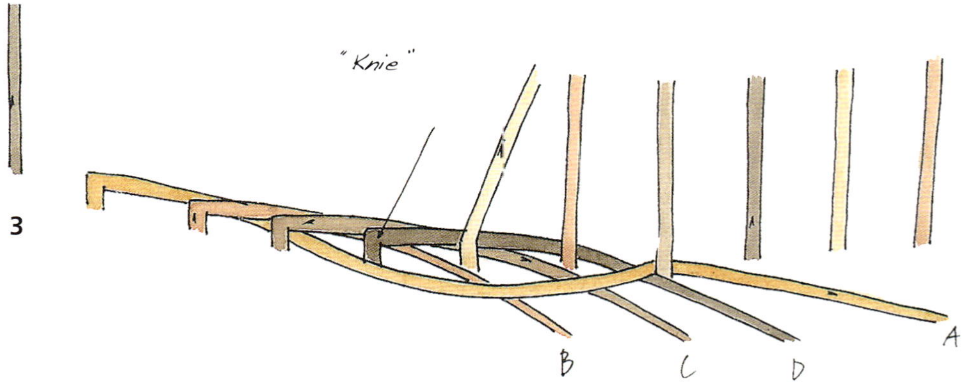

Die Weide, die gerade drei vorwärts geflochten wurde (A), soll nun einen „Partner“ bekommen. Dies ist die aufrechtstehende Weide, die ganz links außen platziert ist. Sie wird ebenfalls vorgebogen und hinter zwei Staken vorbei nach vorne geführt, sodass sie neben A platziert ist. Die beiden Weiden müssen immer parallel liegen und dürfen sich keinesfalls kreuzen (siehe Zeichnung 4).
Nehmen Sie nun die Stake B, führen Sie diese ebenso vor drei Staken, hinter eine und vorne wieder heraus. Die Stake, die jetzt ganz links außen steht, wird ihr „Partner“. Sie wird in gleicher Weise wie in Schritt 4 neben B positioniert (siehe Zeichnung 5). Machen Sie in diesem Rhythmus weiter, bis die vier Staken, die anfangs nach unten gebogen worden sind, alle in Bewegung waren und einen Partner gefunden haben.
Nehmen Sie nun das Pärchen ganz links (A). Lassen Sie die linke Weide zurück und führen Sie die rechte vor drei Staken und hinter einer Stake vorbei nach vorne. Die äußerste aufrecht stehende Stake (links) wird nun hinter zwei Staken vorbeigeführt und neben der zuvor bewegten positioniert (siehe Zeichnung 6). Flechten Sie auf diese Weise um den Korb herum, bis nur noch zwei aufrechte Staken übrig sind.

4

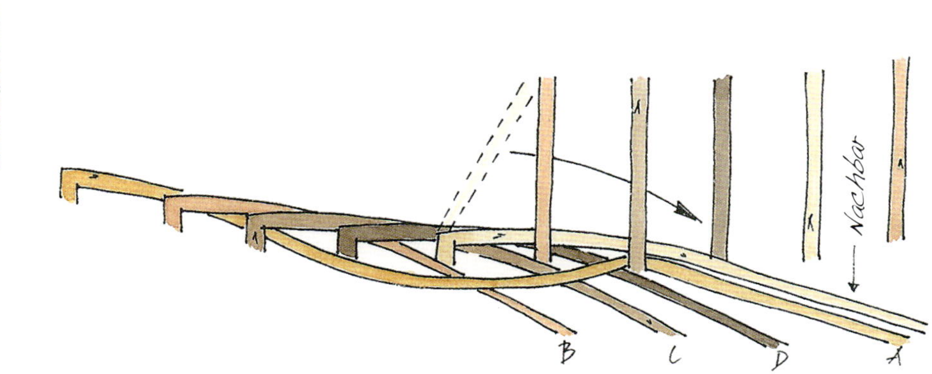

5

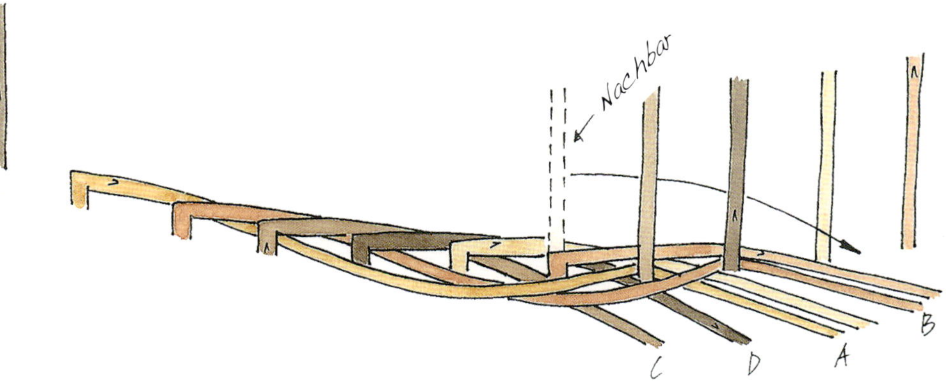

6

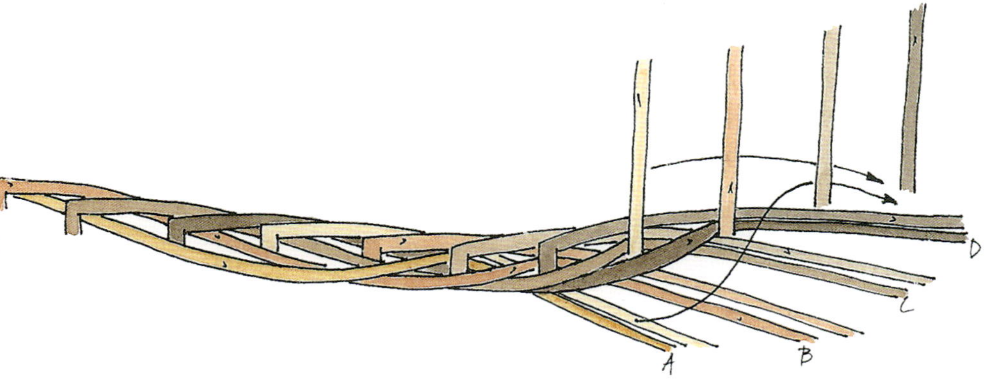

Bei diesem Schritt gibt es eigentlich nichts Neues zu beachten. Achten Sie darauf, dass Sie wie gewohnt richtig zählen. Die einzige Veränderung ist die, dass die Staken beim Zählen bereits unten liegen. Zählen Sie also drei vor und hinter eine Beuge (Knie) und führen Sie die Weide von der Rückseite aus unter der Beuge durch nach vorne; nähen Sie sie dort fest. Nehmen Sie den Nachbarn mit und nähen Sie ihn auf die gleiche Weise unter die Beuge – die beiden sollten wieder schön nebeneinander liegen (siehe Zeichnung 7). Zählen Sie wieder drei vor und hinter eine Beuge. Dort wird die Weide mit einer ausholenden Bewegung von der Rückseite aus auf die Vorderseite genäht. Der Nachbar kommt wie gehabt mit; achten Sie darauf, dass er hinter der Weide platziert wird (siehe Zeichnung 8).
Jetzt sind nur noch vier Paare übrig, die verflochten werden müssen. Zunächst wird Weide A an drei Beugen vorne und an der vierten hinten vorbeigeführt und dann nach vorne geholt. Achten Sie darauf, dass der Partner – das ist die erste Weide, die nach unten gebeugt worden ist – bereits wartet und sich an seinem Platz befindet. Die zweite Flechtweide B wird hinter die nächste Beuge und die Weide, die davor liegt, geflochten. Die dritte Flechtweide C wird hinter die nächste Beuge und die zwei Weiden, die davor liegen, geführt. Schließlich wird die Flechtweide D vom letzten Paar hinter die letzte Beuge und drei Weiden, die davor liegen, geführt (siehe Zeichnung 9). Schneiden Sie dann dicht am Rand alles glatt.

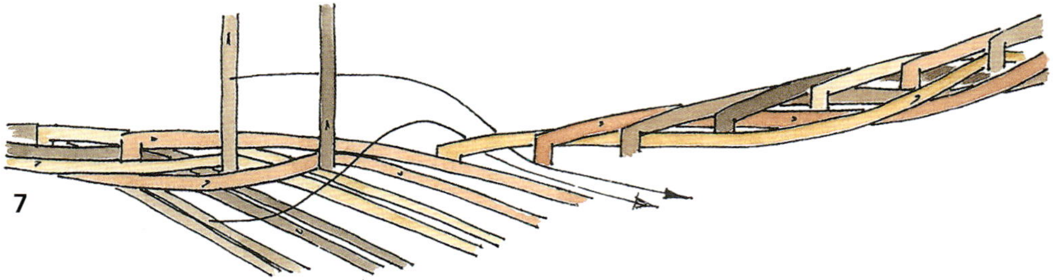

7

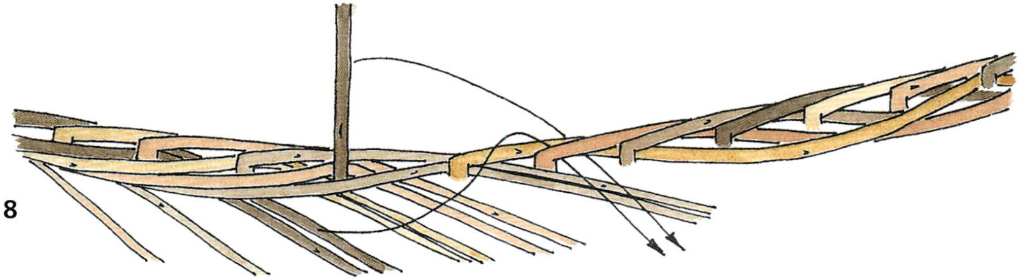

8

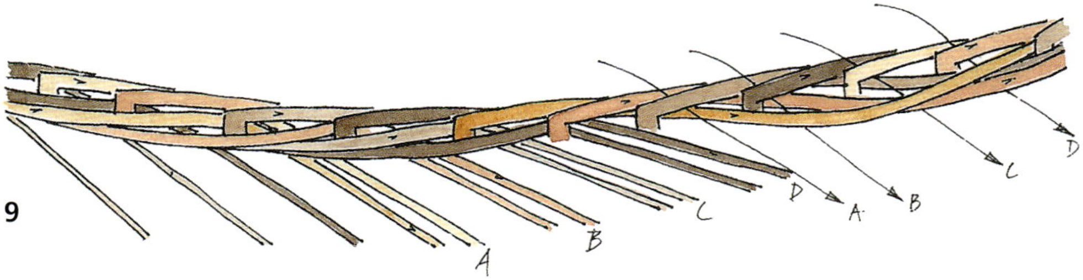

9

Schlichter Henkel

Das Sonnenscheintablett hat ein paar gute und stabile Henkel, die aus zwei geschmeidigen Weiden mit einer Länge von 140-160 cm geflochten werden. Diese werden jeweils an einer Stake entlang in handbreitem Abstand platziert. Die rechte Weide kann gerne die kräftigere von beiden sein, da aus ihr der Handgriff an sich gebildet wird.

Formen Sie aus der rechten Weide einen drei bis vier fingerbreit hohen Bogen und führen Sie die Weide von der Außenseite und durch die Kimme auf die linke Seite der linken Weide (siehe Zeichnung 1). Drehen Sie nun die linke Weide (siehe Seite 75) und winden Sie diese dreimal um den Henkel. Führen Sie das Ende von der Unterseite durch die Kimme hindurch auf die rechte Seite des Bogens (siehe Zeichnung 2). Drehen Sie bis zur linken Seite des Zwischenraums zurück und führen Sie die Weide wieder von der Außen- auf die Rückseite hinaus. Sie wird rechts neben die Weide geführt, die sich in Warteposition befindet (siehe Zeichnung 3).

Nehmen Sie nun die Weide, die sich in Warteposition befindet, drehen und winden Sie diese auf dieselbe Weise und führen Sie sie evtl. wieder über den Henkel zurück (siehe Zeichnung 4). Denken Sie daran, dass die Weiden niemals übereinander liegen dürfen. Falls es immer noch eine „Lücke“ im Henkel geben sollte, kann man noch extra Weidenspitzen einflechten oder sie verweben.

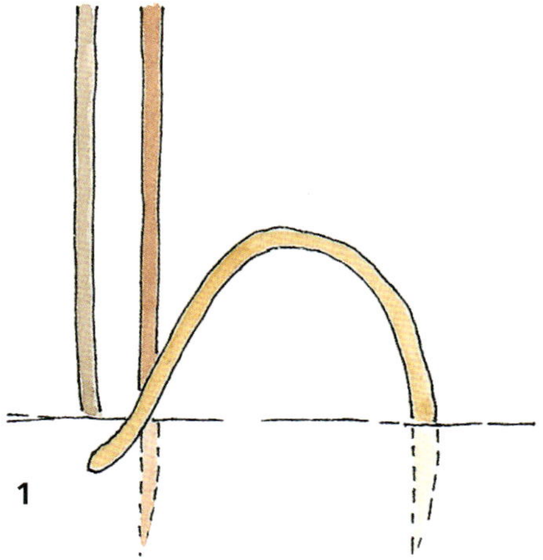
1

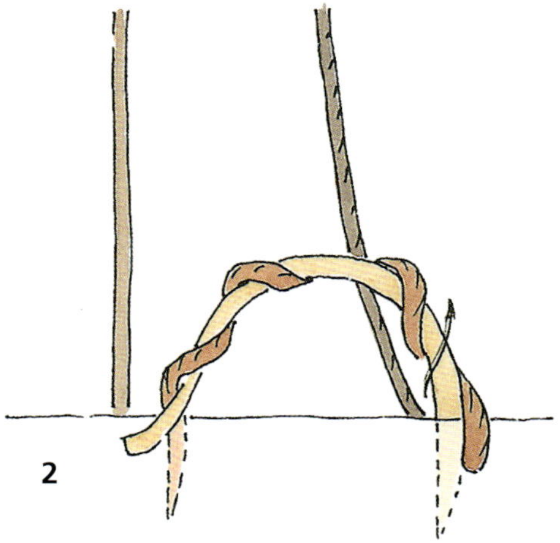
2

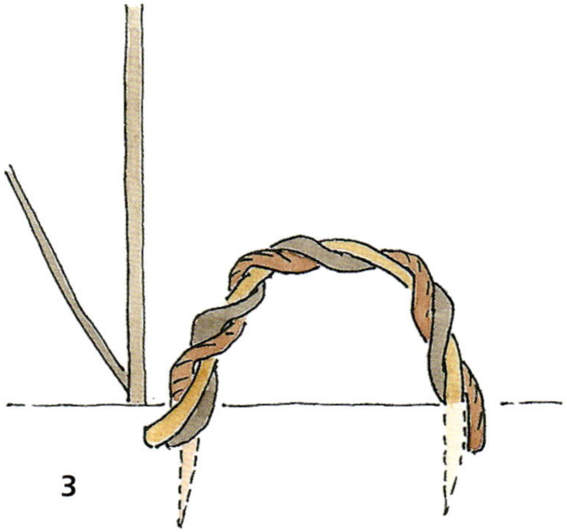
3

4

Picknickkorb

Es ist kein großer Aufwand, einen großen und geräumigen Picknickkorb zu flechten. Viele Körbe werden aber größer und sperriger als man denkt; im schlimmsten Fall sind sie sogar so groß, dass es schwierig sein kann, sie mit Inhalt zu transportieren.
Meiner Meinung nach werden viele Körbe deshalb so ausladend, weil man davon ausgeht, dass die Bodenstaken im Korb besonders stabil sein müssen. Deshalb beginnt man häufig mit zu dicken Weiden, selbst wenn man nur einen kleinen Korb flechten möchte.

Achten Sie darauf, dass das Verhältnis von Staken und Flechtweiden stimmig ist und dass die Stärke und Länge der Weiden auf die Größe des Korbes, den man flechten möchte, abgestimmt ist.
In die zwei abgebildeten Körbe passen jeweils genau eine Thermoskanne, zwei Wasserflaschen, ein paar Tassen und eine Brotdose. Es ist praktisch, dass der Korb so schmal ist: so fallen die hohen Gegenstände nicht um und gleichzeitig passen Körbe in dieser Größe sehr gut auf den Fahrradgepäckträger.

Länglich ovaler Kreuzboden

Schneiden Sie vierzehn Bodenstaken mit einer Stärke von 5 mm zurecht – vier davon 28 cm und zehn 14 cm lang. Spalten Sie die kurzen Staken in der Mitte auf, drehen Sie die Staken auf den Kopf und ziehen Sie die langen durch die kurzen (siehe Zeichnung 1). Bereiten Sie vier lange, schlanke Flechtweiden in einer Länge von 100-120 cm vor. Sie arbeiten vom Boden des Korbes aus. Legen Sie die Wurzelenden zweier Weiden in jeweils ein Stakenpaar hinein (siehe Zeichnung 2). Flechten Sie parallel bis zu der Ecke, an der die innenliegende Weide die äußere kreuzt. Lassen Sie die Weiden auslaufen und wiederholen Sie den Vorgang auf der anderen Seite mit zwei neuen Flechtweiden (siehe Zeichnung 3). Diese Sets werden um den Boden herum versetzt geflochten. Flechten Sie längs der Seite parallel und wechseln Sie an den Enden ins Doppelte Kreuzgeflecht (siehe Seite 18/19).

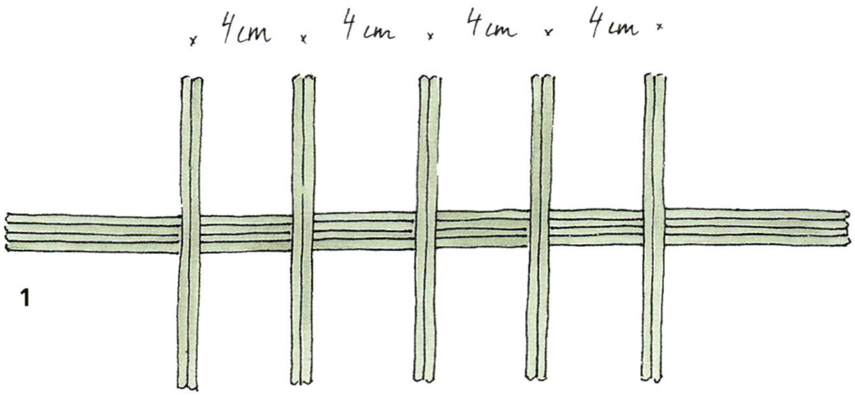

1

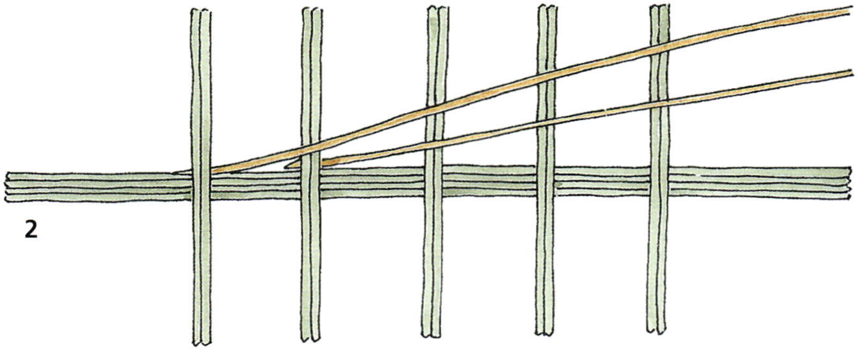
2

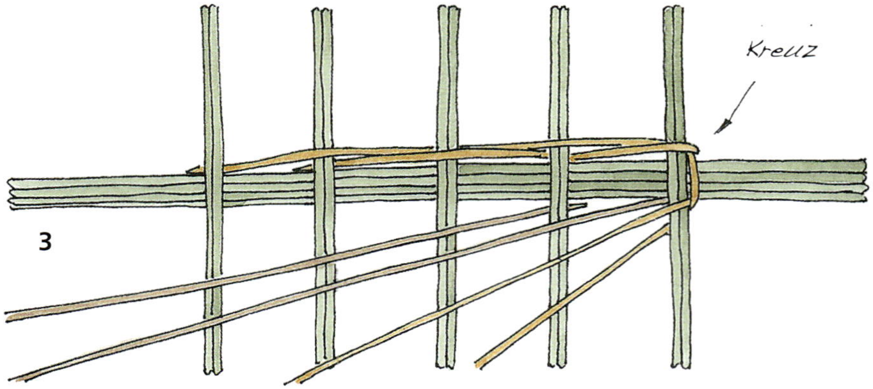

3

In der zweiten Runde werden die Randstaken geteilt, sodass sie nun wie eine halbe Sonne aussehen (siehe Zeichnung 4), während die drei mittleren Bodenstakensets auf der Längsseite doppelt liegen.
Die Verlängerungen – einmal dünn mit dünn und einmal dick mit dick – werden an den Längsseiten einander gegenüber gelegt, sodass die Enden von der Innenseite des Korbes verdeckt werden. Flechten Sie bis zu einer Breite von 10 cm und einer Länge von 24 cm. Bereiten Sie 44 Staken in einer Länge von 100 cm wie beim „Wäschekorb" auf Seite 68 vor, sodass der schöne runde Bogen an jedem Ende leicht geformt werden kann.
Schneiden Sie die Bodenstaken nacheinander ab und pflöcken Sie die Staken gut ein – dabei kann es sein, dass sie mit der Ahle ein bisschen Platz schaffen müssen. Richten Sie die Staken erst auf, wenn die erste Runde Kimme fertig geflochten ist. Die Kimme wird in zwei Sets (siehe Seite 72) geflochten. Man fängt mit drei Wurzelenden auf jeder Seite an. Wenn Sie wieder am Ausgangspunkt (bei den Wurzelenden) angekommen sind, werden die Staken aufgerichtet. An den Seiten stehen sie senkrecht, während die Enden einen schönen Bogen bilden. Wenn man auf diese Weise aufstakt, bildet sich unter dem Korb eine Stoßkante, durch die der Korb Stand hat. Flechten Sie die Kimme bis zur gewünschten Höhe. Bei diesem Beispiel habe ich dünn mit dünn und danach dick mit dick verlängert.

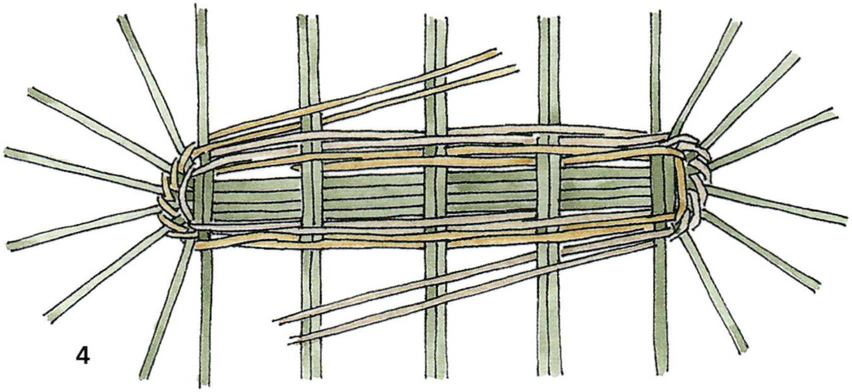
4

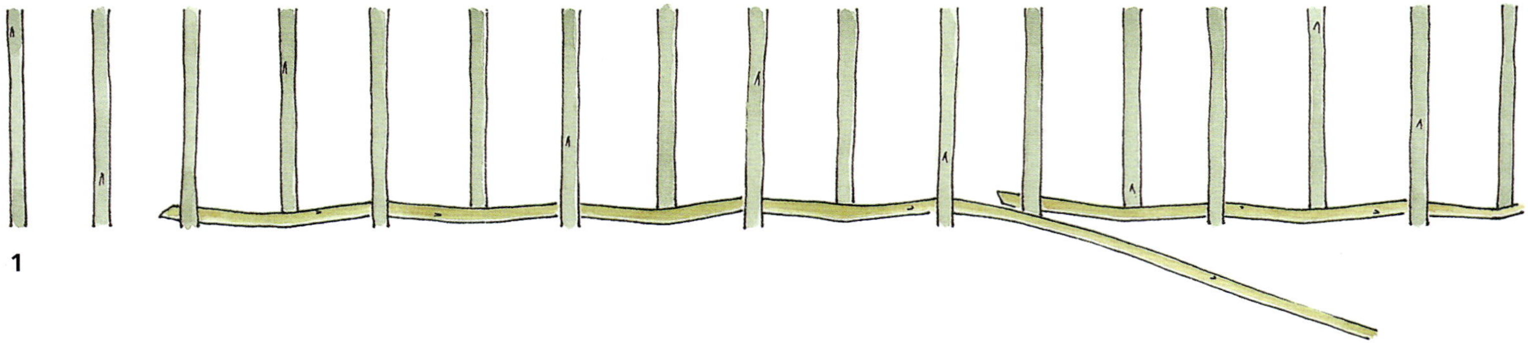

1

Seitengeflecht in zwei Varianten

Erste Variante (Slewing)

Bei diesem Projekt wird mit jeweils einer Weide Leinenwebung geflochten (siehe Seite 44). Da die Stakenanzahl gerade ist, kann man auch mit zwei Weiden flechten, die dann jeweils ineinander übergehen (siehe Zeichnung 1). Das nennt man auch „Slewing". Sie sollten aufpassen, dass Sie keine allzu kräftigen Weiden verwenden. Fangen Sie hinter einer Stake mit dem Wurzelende an und flechten Sie eine Viertelrunde. Legen Sie dann die zweite Weide in den nächsten Zwischenraum. Diese zwei Weiden werden „am Schwanz" zusammengeflochten. Flechten Sie insgesamt einen 5 cm langen Streifen. Flechten Sie dann aus insgesamt sechs Weiden eine Runde Kimme, vor zwei Staken und hinter eine. Wenn die ersten drei Weiden einmal außen herum geflochten sind, verschließen Sie die Enden unter den Reihenanfang wie bei der Wulst auf Seite 74. Um den gleichen Effekt wie bei einem Kettenstich zu erhalten, flechten Sie nun eine Runde Kimme, arbeiten Sie aber anstatt nach rechts einfach nach links.

Dann geht es mit der Leinenwebung weiter, die Enden werden nach oben geflochten. Nach 6 cm kommt noch einmal eine Kimme mit Kettensticheffekt. Danach flechten Sie wieder einen Streifen in Leinenwebung, diesmal in einer Breite von 7 cm. Es sieht sehr elegant aus, wenn sich der Korb ein ganz klein wenig nach innen neigt. Schließen Sie mit einer Kettenstichkimme ab und arbeiten Sie einen „Vier-hinter-zwei"-Rand (siehe Seite 88-90). Dabei beginnt man mit einer der Längsseiten.

Abschluss

Weil die Staken so eng stehen, könnte es etwas schwierig werden, die letzte Weide passend einzufügen. Wenn nur noch vier Paare übrig sind und alle aufrechten Nachbarn unten liegen (siehe Zeichnung 9 auf Seite 90), nimmt man die Flechtweide des linken Paares und zählt wie gewohnt vor drei Beugen (Knie) und hinter eine Beuge (Knie). Stecken Sie dann die Ahle auf der linken Seite der Beuge, hinter die sie die Weide normalerweise führen würden, ein. Bringen Sie die Flechtweide zu ihrem Platz längs der Kante und biegen sie diese mit dem Daumenfingernagel mittig an der Ahle (siehe Zeichnung 2). Schneiden Sie die Flechtweide mit ein wenig Abstand zur Kante ab – der Schnitt sollte schräg angesetzt werden und 3 cm lang sein. Entfernen Sie die Ahle und drücken Sie das abgeschnittene Ende an der Stelle nach unten, an der durch die Ahle Platz entstanden ist. Verfahren Sie genauso mit den drei letzten Weiden, die noch eingearbeitet werden müssen.

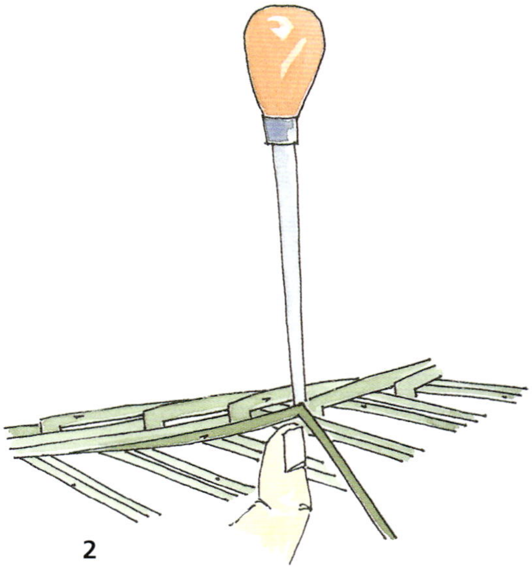

2

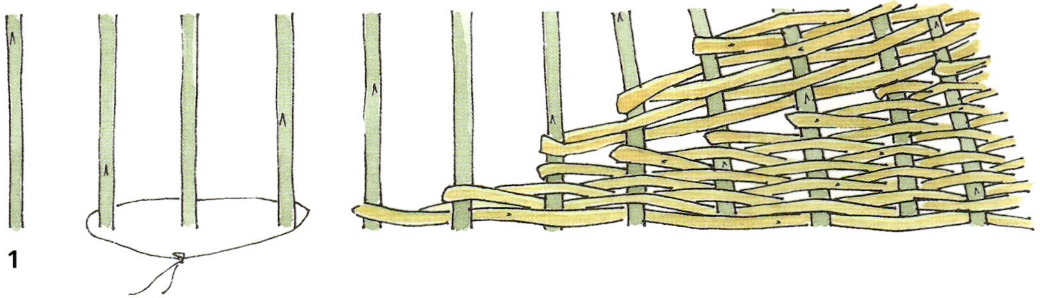

1

Zweite Variante

Hier wird schlichtes Französisches Seitengeflecht (siehe Seite 54/55) geflochten, man beginnt allerdings mit den Spitzen. Die Seiten werden gerade hoch geflochten, aber die Enden können ganz schräg nach außen auslaufen. Wenn Sie die Flechtweiden eingearbeitet haben – in diesem Fall nach 10-12 cm – wird die Kimme mit drei Weiden in zwei Sets (insgesamt 12 Weiden) geflochten, bei denen dann die schräg stehenden Staken am Ende gerade nach oben stehen sollen.
Anschließend wird jedes Ende extra fertig geflochten. Dabei bestimmen Sie natürlich selbst, wie sehr sie nach innen gedrückt werden. Markieren Sie auf jeder Längsseite drei gegenüberliegende Staken. Flechten Sie auf jeder Seite mit jeweils einer Weide vor und zurück. Wenden Sie insgesamt achtmal um eine Stake herum – nach und nach immer weiter von den drei markierten Weiden weg. Flechten Sie weiter und wenden Sie an der dritten Stake von außen. Wenden Sie wiederum an einer Stake, nach und nach immer weiter weg von den mittleren Weiden – wenden Sie insgesamt noch zweimal (siehe Zeichnung 1). Flechten Sie das zweite Ende nach Möglichkeit so, dass beide Enden die gleiche Neigung haben. Schließen Sie mit einer breiten Kimme wie gerade beschrieben ab und arbeiten Sie den Rand wie bei der „Ersten Variante".

Flexibler Henkel

Man kann eigentlich immer einen festen Henkel am Korb anbringen, aber es ist auch praktisch, wenn die Henkel beim Packen des Korbes „zur Seite gelegt" werden können. Entscheiden Sie, ob sie einen Henkel längs oder lieber zwei quer haben möchten.
Hier die Anleitung für den Korb mit einem Henkel: Formen Sie zwei ganz kleine Ohren (siehe Seite 75), die sich an den Stellen, an denen der Henkel platziert werden soll, gegenüberliegen. Nehmen Sie eine kräftige Weide und bringen Sie diese in die gleiche Form wie den Halbbogen in der Öffnung des Korbes. Schneiden Sie die Henkelweide so zu, dass Sie 12 cm zur Endlänge dazugeben. Schnitzen Sie die Weide wie in Zeichnung 2 dargestellt. Formen Sie die Rundung über einer Ahle (siehe Zeichnung 3). Stecken Sie das geschnitzte Ende zwischen die Ohren (siehe Zeichnung 4). Befestigen Sie den Henkel mit einer Verschnürung – benutzen Sie eine dünne oder evtl. eine gespaltene Weide. Beginnen Sie mit den Spitzen und verflechten Sie zum Schluss das stärkere Ende unter die letzten Runden (siehe Zeichnung 4 und Abbildung auf Seite 92).
Auf die gleiche Weise kann man auch zwei Henkel anbringen.

2

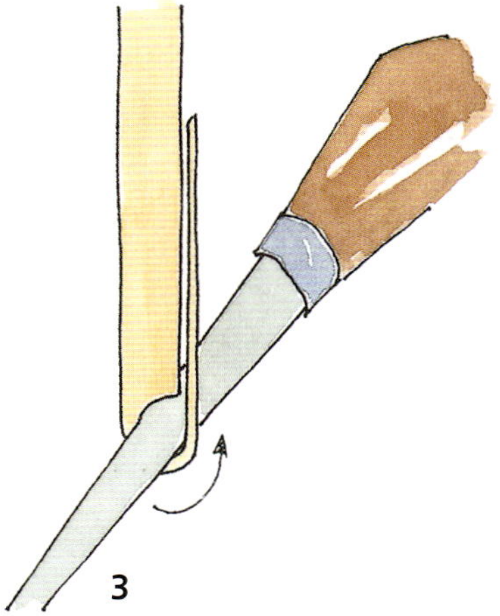

3

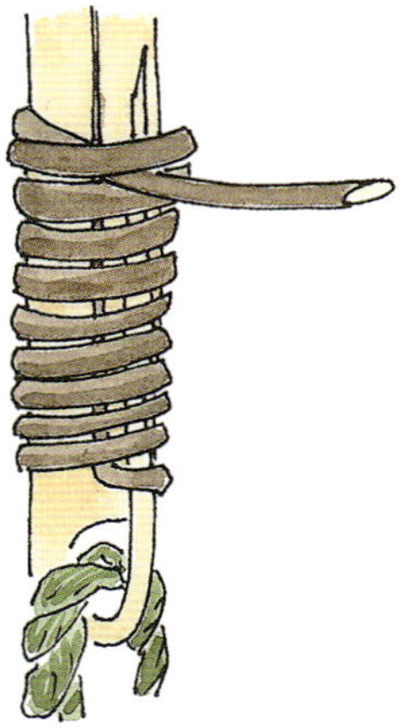

4

Fitching - leicht gemacht

Nach den vielen Kreuzböden und einem Jahr, in dem es sehr schwierig war, genug kurze Flechtweiden in einer Länge von 120 cm zu bekommen, habe ich mir allmählich einen ganzen Vorrat von kräftigen Weidenabschnitten in einer Länge von 30-50 cm zugelegt.

Ich hätte sie selbstverständlich in den Ofen tun oder sie an der Lagerfeuerstelle verrotten lassen können, aber es fällt mir immer so schwer, gutes Material wegzuwerfen. Deshalb freut es mich ganz besonders, dass ich eine einfache Methode gefunden habe, wie ich diese Vorräte verwerten kann. Dabei handelt es sich nicht um eine bahnbrechende Neuerung, sondern vielmehr um ein Aha-Erlebnis, das ich einmal hatte, als ich selbst Kursteilnehmerin war.

Ich hatte das Fitching immer als etwas beschwerlich empfunden. Bei dieser speziellen Technik musste man, um die Kontrolle über die Weiden zu haben, immer eine Weide aus zweien bilden. Entweder, indem man seine bis dahin vorbereiteten Enden oben auf die zusammengebundenen Weidenstaken legte, oder, wie ich es später gemacht habe, indem man sich mit seinem ganzen Gewicht darauf stellte. Dann konnte ich aber selbst kaum richtig stehen und musste dabei noch flechten. Als der Kursleiter meine Anstrengungen bemerkt hatte, fragte er mich: „Warum machst du es nicht einfach so?"

Untersetzer

Hier gebe ich nun die Anleitung, die ich in dem Kurs bekommen habe, an Sie weiter. Am Ende haben Sie dann einen Untersetzer, den man alternativ auch als kleines „Brotkörbchen" oder als Obstplatte verwenden kann. Wenn man den Untersetzer aus richtig kräftigen, getrockneten Weidenenden flechtet, geht es am allerbesten. Es ist wichtig, dass die kräftigen Weiden knochentrocken sind, da sonst die Flechtarbeit beim Trocknen auseinandergehen kann. Genauso wichtig ist es aber, dass man lange, schlanke, zähe und geschmeidige Flechtweiden verwendet. Die Mandel- und die Purpurweide eignen sich dafür gut.

Untersetzer und Seifenschale mit der Fitching-Technik. Hinten links sehen Sie ein etwas anderes Seifenschalendesign. Es ist mit einer Wickeltechnik geflochten, genau wie das Osterkörbchen auf Seite 108, aber mit dünnen Weiden.

Fitching

Sie benötigen 12 Weiden in einer Stärke von 12-15 mm. Ich habe Silberweide (alba chermesina), die sich nach dem Trocknen fast ganz schwarz färbt, verwendet.

Schneiden Sie die Weiden an beiden Seiten schön ab, so dass sie hinterher 26 cm lang sind. Getrocknetes Holz lässt sich bedeutend schwerer schneiden als weiches. Deshalb kann es sein, dass sie eine Grünschere für Weiden in dieser Stärke benötigen. Messen Sie 6 cm von jedem Ende ab und zeichnen Sie die Stellen leicht mit einer Ahle oder einem Marker an. Sie können dafür einen Zollstock nehmen oder sich auf ihr gutes Augenmaß verlassen. Legen Sie dann die Weiden umgedreht auf einen Tisch oder einfach auf den Boden. Sofern die Stärke der Weiden unterschiedlich sein sollte, legen Sie die dicksten auf jede Seite ganz nach außen (siehe Zeichnung 1). Nehmen Sie zwei Flechtweiden in einer Länge von 120-140 cm, legen Sie diese parallel nebeneinander und nehmen Sie sie dann an den Spitzen zusammen. Biegen Sie die Weiden 30-40 cm vom oberen Ende aus gesehen über den Fingernagel des Daumens (siehe Zeichnung 2). Legen Sie dann die zwei Weiden in der Beuge aneinander (siehe Zeichnung 3).

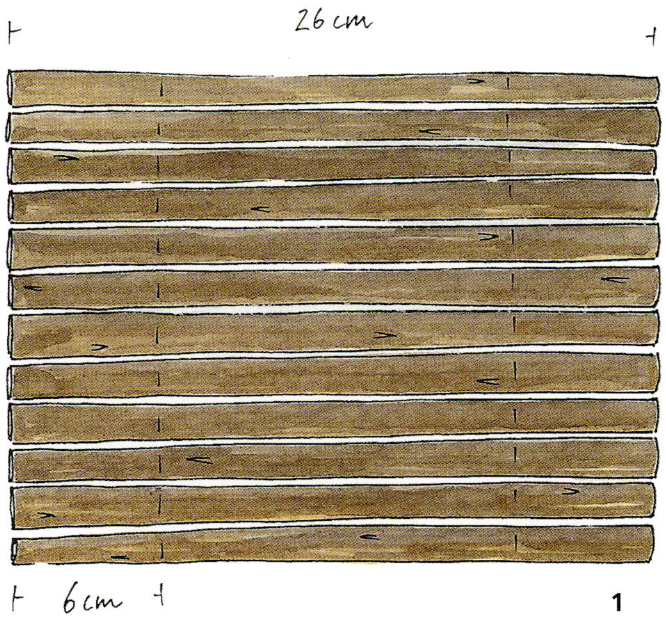

1

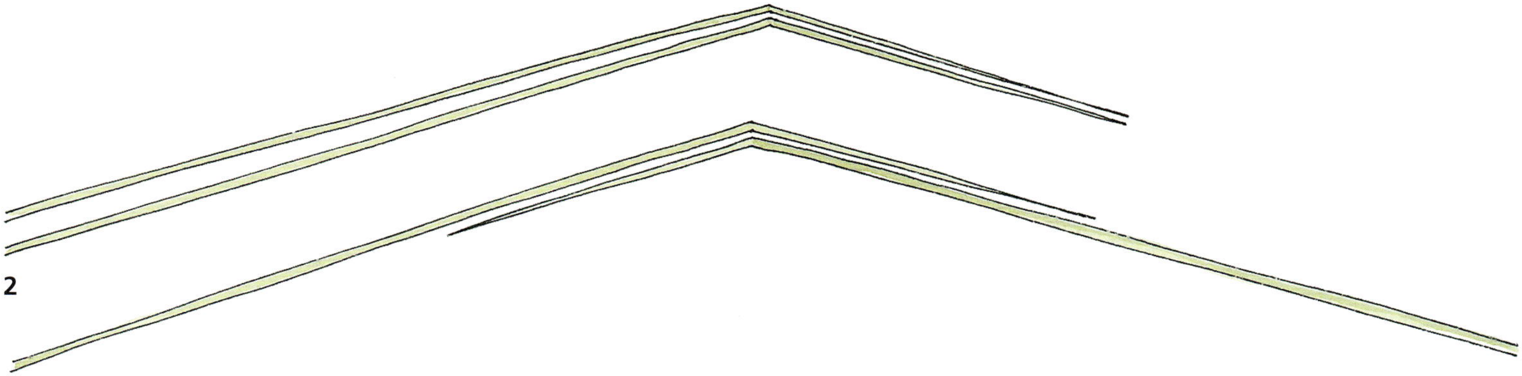
2
3

1

2

Setzen Sie sich so hin, dass die zwölf Weiden, die Sie vorbereitet haben, in Reichweite sind. Nehmen Sie die äußerste Weide und legen Sie diese mit der rechten Markierung genau auf die Beuge der Flechtweiden.

1 Halten Sie die oberen Flechtweiden in der rechten und die unteren in der linken Hand. Wenden Sie den sogenannten Unterhandgriff an: die Handrücken sind zu den Oberschenkeln hin gekehrt.

2 Kreuzen Sie mit einer festen Bewegung die linke und die rechte Hand übereinander, sodass die linke Hand oben liegt. Halten Sie das Kreuz mit dem kleinen Finger der linken Hand oder mit dem Finger, mit dem sie es am besten können, fest.

3 Legen Sie danach die nächste vorbereitete Weide aus dem Stapel vor das Kreuz zwischen die gerade gekreuzten Flechtweiden und wiederholen Sie den Vorgang von eben: Die Hände kreuzen sich und halten die Weide fest, immer mit der linken Hand zuoberst. Sie flechten also von Ihrem Körper weg.

4 Halten Sie das „Kreuz“ mit einem Finger, wenn Sie eine neue Weide einlegen.

3

4

Machen Sie solange weiter, bis alle Weiden eingearbeitet sind. Das Fitching soll wie ein strammer und fester Strick um die Weiden liegen. Es empfiehlt sich, vorher ein paar Mal zu üben, um sich mit der Bewegung vertraut zu machen. Die Reste der gerade verwendeten Flechtweiden können Sie entsorgen; sie haben ihre Elastizität verloren, die aber für einen guten Halt notwendig ist.

5 Wenn die letzte Weide eingefügt worden ist, führen Sie die Flechtweide in der linken unter die der rechten Hand und dann auf der Vorderseite wieder heraus.

6-9 Wenn Sie das Flechtwerk mit der Unterseite nach oben drehen, kann es sein, dass es sich „aufribbelt", halten Sie es deshalb evtl. mit dem Oberschenkel gut in Position. Auf der Rückrunde liegt das Kreuz andersherum: also die Weide der rechten über die der linken Hand – d.h. genauso wie beim Doppelten Kreuzgeflecht (siehe Seite 62).

10 Beim Doppelten Kreuzgeflecht bildet sich eine „Kette". Sie können aber auch mit der Fitching-Technik weitermachen. Dann erhalten Sie ein Muster, das parallel verläuft.

Wenn Sie fast wieder am Ausgangspunkt angelangt sind, könnte es evtl. schwierig sein, die Flechtweiden gut und fest zu platzieren, weil sie nach und nach kräftiger werden. „Schmiegen" Sie deshalb jede einzeln um die Staken, sodass an keiner Stelle spitze Knicke entstehen.

11 Schneiden Sie die Flechtweiden auf der Oberseite ab, sodass sie auf den beiden äußeren Weiden auslaufen. Wenn sich durch die Hin- und Rückrunde eine Lücke ergeben haben sollte, können Sie die Weiden mit einer kleinen spitzen Zange zusammenschieben.

Wiederholen Sie das Ganze auf der linken Seite mit zwei neuen Flechtweiden. Sie fangen genauso an wie eben. Orientieren Sie sich an den Markierungen, damit das Fitching ganz gleichmäßig liegt.

Probieren Sie das Fitching auch einfach mal mit dünneren Weiden aus, z. B. für eine Seifenschale oder lange, schmale Tischuntersetzer, die die gesamte Länge des Tisches ausfüllen. Sie können auch Platzsets machen, wenn Sie diese von der kürzeren Seite ausgehend flechten. Es ist nämlich nicht so einfach, breiter zu flechten als das Weidenset selbst breit ist. Beachten Sie aber: je dünner die Weide, die man beim Fitching verwendet, desto schneller kann sich die Flechtarbeit beim Trocknen auflösen.

Länglicher Korb

12 Dieser Korb wird wie der Untersetzer zunächst flach gearbeitet. Nach dem Fitching wird er zu einem halbrunden Korb mit einem ganz schlichten Griff geformt. Für den großen Korb braucht man 17 Weiden in einer Länge von 43 cm und einer Stärke von 8-10 mm. Die zwei äußersten Weiden können aber auch 12-14 mm dick sein. Für das Fitching werden sie auf jeder Seite 5 cm vom Rand und in der Mitte markiert. Kennzeichnen Sie die Weiden und legen Sie diese wie auf Seite 99 beschrieben zurecht. Flechten Sie zuerst das Fitching rechts außen, danach das mittlere und zum Schluss das auf der linken Seite. Bei allen fängt man auf der gleichen Seite an. Wenn das Fitching gerade erst geflochten ist, lässt es sich noch sehr leicht formen (siehe Seite 104).

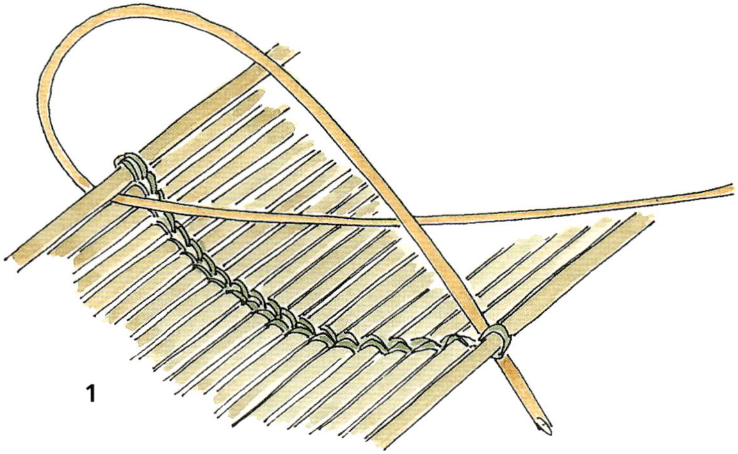

1

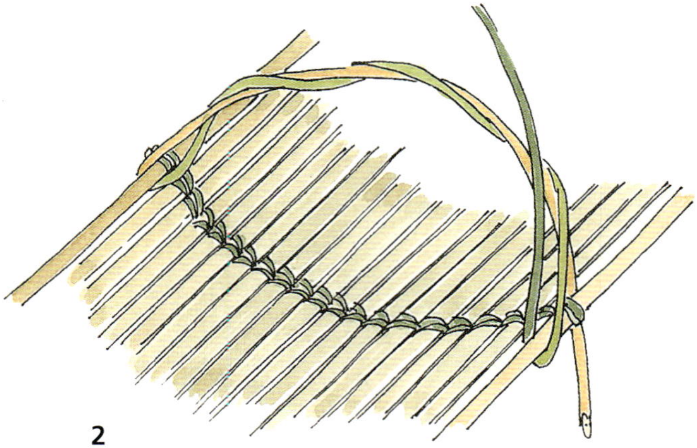

2

Bringen Sie das Flechtwerk auf jeder Seite mit ein paar Schnüren in Form. Diese sollten solange in Position bleiben, bis das Körbchen vollständig getrocknet ist. Für den Griff braucht man eine 6 mm dicke Weide, die 120-140 cm lang ist. Schieben Sie das spitze Ende der Weide von der Außenseite unter die außenliegende Weide des Körbchens. Ziehen Sie so lange, bis die Wurzelenden gespannt sind. Formen Sie aus der Weide einen Bogen und stecken Sie die Weide auf der gegenüberliegenden Seite unter die äußere Weide und ziehen Sie sie dann wieder auf die Oberseite des Körbchens. Ziehen Sie so lange, bis der Griff die passende Höhe hat (siehe Zeichnung 1). Winden Sie die Weide dreimal um den Griff – arbeiten Sie dabei von ihrem Körper weg. Stecken Sie die Weide dann unter die äußere Weide des Körbchens, sodass das Fitching zwischen der Griffweide liegt. Führen Sie die Weide zurück, indem Sie der Windung folgen (siehe Zeichnung 2).

Stecken Sie die Weide auf der entgegengesetzten Seite ebenfalls unter die äußere Weide des Körbchens und ziehen Sie sie dann auf die Oberseite wieder hinaus (siehe Zeichnung 3). Folgen Sie der Windung wieder zurück und legen Sie die Weide auf der gegenüberliegenden Seite neben ihr eigenes Wurzelende längs hin. Dort wird sie dann festgemacht (siehe Zeichnung 4). Jetzt kann sie unter dem Boden abgeschnitten oder, wenn sie lang genug ist, über den Griff zurückgewunden werden. Nun kommt das Schwierigste: nämlich zu warten, bis das längliche Körbchen getrocknet ist, damit man die Hilfsschnüre abschneiden kann. Sie sollten ca. drei Tage warten. Ansonsten könnte es sein, dass das Körbchen sich etwas verzieht.

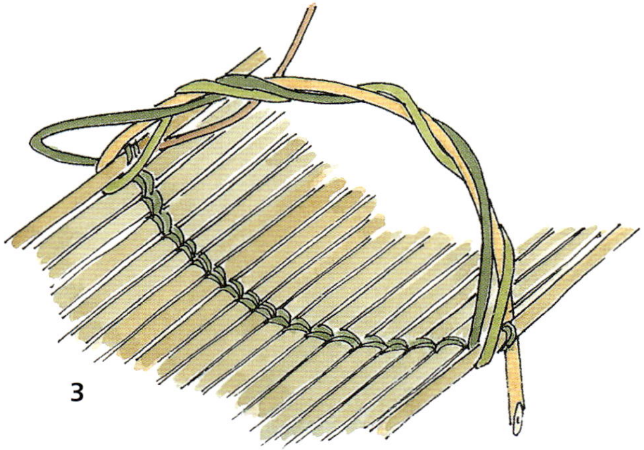

3

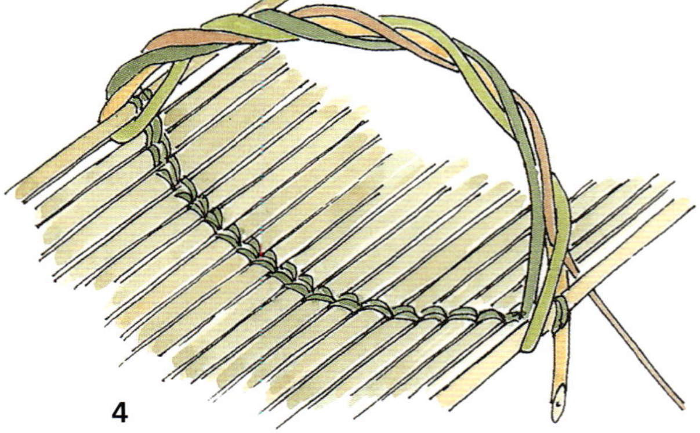

4

Gewickeltes Weidengeflecht

Wenn man bereits einige Techniken ausprobiert hat und man sich sehr lange darauf konzentriert hat, ganz ordentlich zu flechten, ist es eine Wohltat, einmal etwas anderes auszuprobieren. Man kann z. B. an einem Frühjahrstag das gewickelte Weidengeflecht üben. Dafür eignen sich die neugeernteten Weiden aus dem vergangenen Herbst, die nun ein paar Monate gelegen haben und deshalb zäh und flexibel sind.
Obwohl man sich beim gewickelten Flechten sehr gut entspannen kann, handelt es sich dabei dennoch um eine Technik, für die man sehr viel Geduld braucht. Denn es ist erstaunlich, wie viele Weiden man einschieben kann und auch muss, bevor es wie ein Körbchen aussieht.

Der Kranz sieht sehr schön aus, ob er nun an einer Tür hängt, auf einer Schale liegt oder wie hier einen Tisch verziert. Er wurde aus Reifweide (salix daphnoides acutifolia) geflochten, die eine sehr schöne unterschiedliche Rot- und Bordeauxtönung hat. Für ein zufriedenstellendes Resultat brauchen Sie viele Weiden.

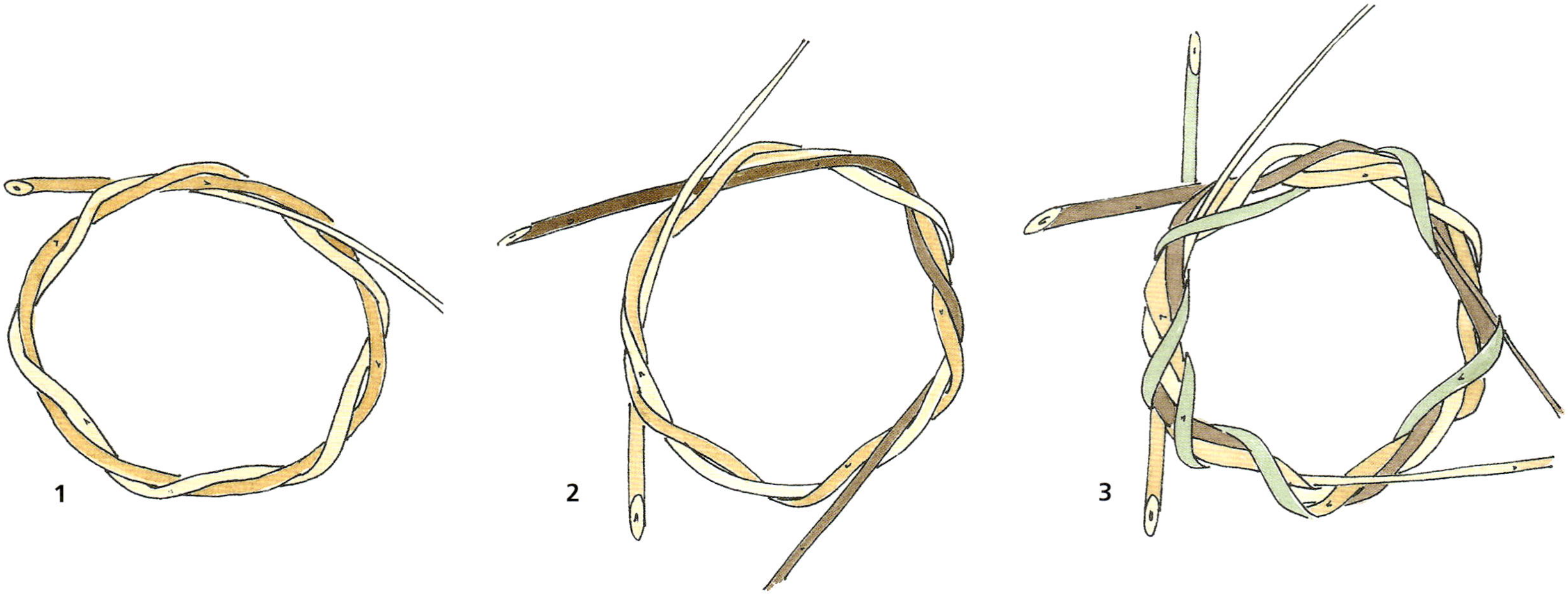

Weidenkranz für die Tür oder als Schalendekoration

Nehmen Sie 10-20 Weiden in einer Länge von 200-240 cm. Es ist am besten, wenn Sie mit einem Kranz anfangen, der in sich Halt hat. Man kann dazu gut Weiden nehmen, die zunächst einmal aussortiert worden sind. Es macht z. B. nichts, wenn sie ein paar Verästelungen haben.

Formen Sie eine Weide zu einem großen runden Kreis: Halten Sie das Wurzelende in der linken Hand und führen Sie die Weide über das dicke Wurzelende, um den Kreis herum und in der Mitte wieder heraus. Machen Sie in großen runden Bewegungen weiter, bis Sie bei den oberen Weidenspitzen angelangt sind (siehe Zeichnung 1). Bereiten Sie die zweite Weide vor, indem sie diese von unten bis nach oben auf der Bauchseite über den Daumen ziehen.
Damit präperieren Sie die Weide für die Rundung. Schieben Sie das neue Wurzelende, ein klein wenig versetzt zum ersten, in den Kreis ein.

Winden Sie die Weide dann so, dass sie Seite an Seite mit der Weide aus der vorherigen Runde liegt (siehe Zeichnung 2). Flechten Sie auf diese Weise die anderen Weiden ein. So können Sie weitermachen, bis Sie einen richtig großen Kranz haben. Schneiden Sie diesen zum Schluss glatt.

Jetzt haben Sie einen hübschen Kranz, bei dem die Weiden schön Seite an Seite nebeneinander liegen. So habe ich es jahrelang gemacht, aber ich habe schon oft gewickelte Kränze gesehen, die ich eigentlich lieber mag.
Einen gewickelten Kranz bekommen Sie, wenn Sie zwischendurch einmal eine Weide in die entgegengesetzte Flechtrichtung einsetzen. Dadurch unterbrechen Sie den Rhythmus und die Weiden liegen kreuz und quer (siehe Zeichnung 3).
Ich finde das sehr schön – zumindest, wenn der Kranz immer schön stramm und fest geflochten wird.

Die gleichmäßigen Kränze, die in ihrer Schlichtheit sehr schön sind, werden durch eine Bewicklung etwas fester (siehe Seite 40). Es sieht auch hübsch aus, wenn Sie die Kränze je nach Jahreszeit mit Blumen oder Laub schmücken.

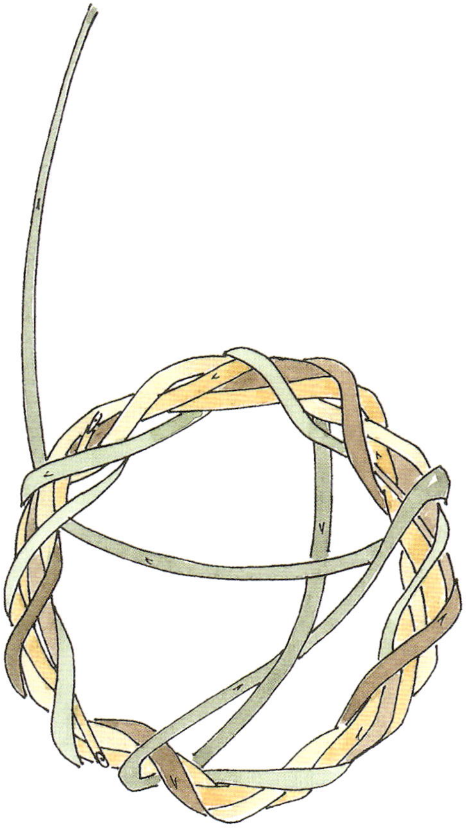

Osterkörbchen

Dieses Körbchen erinnert mich immer an ein Nest, in das der Osterhase seine Eier legen kann und deshalb nenne ich es Osterkörbchen. Es liegt wohl auch daran, dass ich die gewickelten Projekte immer in der Jahreszeit flechte, in der die neuen Weiden so intensiv duften und das Frühjahr bzw. Ostern schon in der Luft liegt. Das gewickelte Körbchen kann aber das ganze Jahr über benutzt werden, z.B. als Brotkörbchen bei einer Gartenparty.

Das Körbchen besteht aus einem gewickelten Kranz, dessen Ausgangspunkt ein Ring mit einem Durchmesser von 24-26 cm bildet (siehe Seite 106). Der fertige Kranz hat dann einen Außendurchmesser von ca. 32 cm und einen Innendurchmesser von ca. 20 cm. Der hier abgebildete ist aus Purpurweide geflochten, die in großen Mengen in der Pharmaindustrie verwendet wird, da sie sehr viel Acetylsalicylsäure enthält. Diese Sorte gehört zu der Familie „Bleu" und eignet sich besonders gut zum Flechten. Wenn der Kranz 5-6 cm dick ist, schneide ich ihn glatt. Danach fange ich mit dem Boden an, indem ich ein Wurzelende, das ich vorher zugeschnitten habe, einsetze. Das wird der Boden.

Die Weide biegt sich leicht und wird gegenüber der Stelle, an der sie eingesetzt wurde, von der Innen- oder Außenseite um den Kranz und dann wieder zurück herumgeflochten. Dort wird sie ein paar Mal um sich selbst gewickelt und dann an einer beliebigen Stelle um den Kranz geflochten (siehe Zeichnung).

Schieben Sie dann noch weitere Weiden von der Unterseite des Kranzes ein, sodass sich ein Gerüst bildet, die Vorstufe für den Boden. Jetzt gilt es nur noch, dieses Gerüst zu füllen. Es ist vorteilhaft, wenn sie kürzere und schlankere Weiden verwenden. Aber die Hauptregel ist, dass man eine Größe verwendet, die man dann auch „einfädeln" kann. Beachten Sie, dass es am einfachsten ist, wenn Sie mit dem Wurzelende beginnen. Es wird an einer beliebigen Stelle über und unter den anderen Weiden platziert. Und erst, wenn man die Enden nicht mehr einführen kann, fängt man an, mit den Weidenspitzen zu flechten. Wenn das Körbchen die gewünschte Größe und Form hat, hört man auf. Das ist sehr oft der Zeitpunkt, an dem man keine Geduld mehr hat, noch weitere Weiden einzuschieben. Aber bis dahin kann es einige Zeit dauern.

Gegenüberliegende Seite: Aus dem gewickelten Kranz kann auch ein gewickeltes Körbchen werden. Und nicht zuletzt ist es im Frühjahr sehr inspirierend, eine halbfrische Weide zu verflechten, weil sie dann noch in so unglaublich vielen unterschiedlichen Farben schimmert.

Krimskrams-Körbchen

Für dieses Krimskrams-Körbchen gab es schon zahlreiche Interessenten. Es wird oft bewundert und zieht die Aufmerksamkeit auf sich. Schon viele wollten es kaufen, aber da ich den Preis dann sehr hoch gesetzt habe, gehört es jetzt immer noch mir.
Viele sind überrascht, dass man einige Zeit braucht, um dieses „Garnknäuel" zu flechten. Aber irgendwie ist es ja auch klar, dass man es ein zweites Mal nicht wieder ganz genauso hinbekommt. Und vielleicht ist es eben gerade diese Tatsache, die das Körbchen so attraktiv macht.
Ich habe bei diesem Projekt Bruchweide (salix fragilis), Silberweide (alba chermesina) und Reifweide (salix daphnoides acutifolia) verwendet. Als das Körbchen gerade fertig geflochten war, schimmerte es in Grün-, Rot-, Bordeaux- und Goldtönen. Aber mit der Zeit sah es weniger farbig aus. Zunächst brauchen Sie sieben Weiden in einer Länge von 200-260 cm. Winden Sie aus jeder Weide einen Ring (siehe Seite 106 und Zeichnung 1 auf der nächsten Seite). Es macht gar nichts, wenn die Weiden nicht alle die gleiche Größe haben.
Legen Sie die Kreise beliebig ineinander wie in Zeichnung 2 dargestellt – so wahllos wie überhaupt möglich. Legen Sie mit einer Schnur einen Hilfsbefestigungspunkt fest. In der Regel lässt es sich am einfachsten binden, wenn die Ringe nach und nach eingeschoben werden. Es ist nicht notwendig, dass Sie sich bereits jetzt Gedanken über den Henkel machen. Man weiß oft noch nicht, wo dann später die Öffnung sein wird.

Beim Krimskrams-Körbchen kann beim Flechten noch einiges entschieden werden. Wenn das Grundgerüst fertig ist, fängt man einfach an, die Weiden einzuflechten. Beim Osterkörbchen auf Seite 108 wurde bereits erklärt, dass man zuerst die Wurzelenden einführt und später dann die Spitzen einflechtet.

Geflochtene Körbchen wie dieses dienen in den wenigsten Fällen einem bestimmten Zweck. Sie eignen sich weder zum Einkaufen noch zum Aufbewahren von Dingen, sie sind einfach nur wunderschön anzusehen.

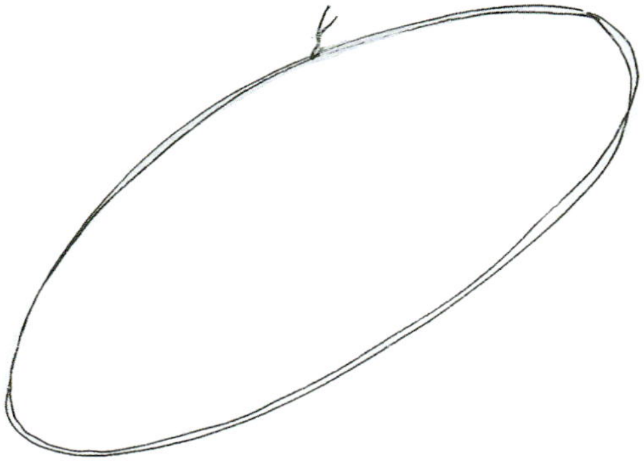

1

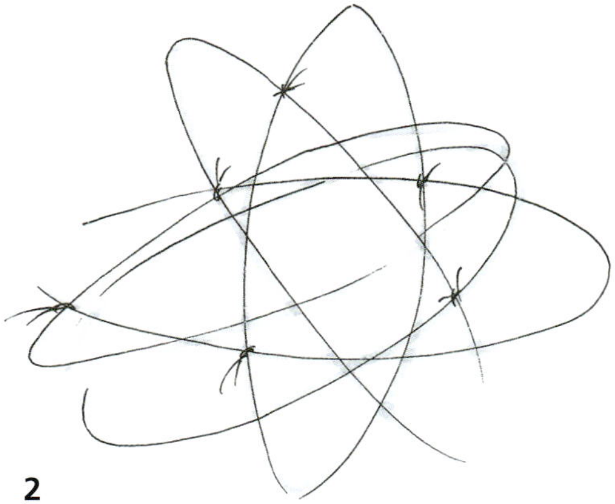

2

Es geht kreuz und quer, drüber und drunter, gewaltig durcheinander – bei diesem Projekt gibt es keine Präzision oder Regelmäßigkeit. Verwenden Sie gerne verschiedene Sorten, dann kommt das Farbenspiel der noch halbfrischen Weiden schön zur Geltung. Achten Sie beim Arbeiten gut auf die Eigenschaften der Weiden und formen Sie schöne runde Bögen, damit Sie beim Flechten nicht Gefahr laufen, dass die Weiden brechen. Sollte das dennoch einmal passieren, müssen sie ausgetauscht werden. Beim Flechten ergibt sich zwischen den Ringen mit Sicherheit ganz automatisch eine Stelle, die sich als Öffnung eignet. Dort flechtet man dann hin und zurück, um den Rand zu verstärken. Der Henkel entsteht, indem man noch eine zusätzliche stärkere Weide in die Öffnung längs der Körbchenseite einflechtet.

Führen Sie die Weide auf die gegenüberliegende Seite, befestigen Sie diese unter dem Rand, winden Sie diese um sich selbst zurück und lassen Sie sie dann in den Korb hinein auslaufen. Zwischendurch flechten Sie einmal um den Henkel herum, damit er nicht so isoliert steht, sondern ein Bestandteil des gesamten Flechtwerkes wird. Man braucht für dieses Projekt etwas Geduld. Schneiden Sie das Körbchen glatt, wenn Sie meinen, dass es fertig ist.

Wenn Sie lieber gewickelte Kugeln haben möchten, so lassen Sie einfach den Henkel und die Öffnung weg. Aber denken Sie daran, die Wurzelenden schön abzuschneiden, bevor Sie diese einsetzen. Später gibt es dazu keine Möglichkeit mehr.

Flechten am Stock

Leuchter für den Garten

Leuchter mit Teelichtern sind das ganze Jahr über sehr stimmungsvoll, egal ob im dunklen Winter oder in einer lauen Sommernacht. Man kann ganz schnell selbst welche machen. Ich finde es auch sehr schön, zur Entspannung zwischendurch einmal kleinere Projekte zu flechten. Dieses Projekt kann man gut an einem Abend unter der Woche machen, da es nicht allzu lange dauert.
Aus Sicherheitsgründen werden die Teelichter in alte Marmeladengläser gesetzt. Wenn man, so wie ich, immer alles aufhebt, hat man eine gute Ausrede, warum man die Gläser nicht wegwirft. Wenn man dann noch einige der Leuchter verschenkt, ist man gleich auch die alten Gläser los.

Licht in einer lauen Sommernacht oder im dunklen Winter – ein stimmungsvoller kleiner Schein in der Dunkelheit.

Haselsträucher oder kräftige Weidenstöcke eignen sich sehr gut für Leuchter. Ich bevorzuge die Hasel, weil sie so eine schöne Rinde hat und sich sehr gut schnitzen lässt. Sie darf nicht ganz trocken sein, da es sonst zu schwierig ist, sie zu verarbeiten. Die Höhe bestimmen Sie selbst.
Ritzen Sie das dicke Ende, auf dem der Kerzenhalter platziert werden soll, an der Rinde 10-15 cm einmal herum an (Zeichnung 1). Schnitzen Sie dann an der Markierung herum, um die Rinde und ein wenig vom Holz, 5-6 cm von oben, zu entfernen.

An dieser Stelle werden die Wurzelenden festgebunden, der Schnitt stellt sicher, dass sie nicht am Stock hinabrutschen. Wenn man die erste Rindenschicht am Einschnitt entfernt hat, führt man das Messer erneut in die Rille, um noch etwas mehr wegzuschneiden. Dies sollten Sie so oft wiederholen, bis Sie 2-3 mm im Holz sind (Zeichnung 2). Bereiten Sie eine Reihe von Staken in einer Länge von 120-140 cm vor. Sie benötigen 8-14 Staken, abhängig von der Stärke der Haselsträucher. Nehmen Sie die Weiden am oberen Ende zusammen und schneiden Sie diese unten auf die gleiche Länge.

Schneiden Sie die Wurzelenden auf ihrer Rückseite 7-8 cm lang ein, sodass sie etwas abflachen (Zeichnung 3). Dadurch rutschen Sie nicht so leicht hin und her, wenn Sie später am Strauch angebracht sind. Legen Sie den Stock vor sich auf die Oberschenkel, sodass das geschnitzte Ende nach links zeigt. Nehmen Sie Wickeldraht und winden Sie diesen ein paar Mal um den Stock herum – 3-4 cm vom unteren Ende des Schnittes. Legen Sie dann eine Weide so an, dass das Wurzelende direkt auf dem Geschnitzten liegt. Winden Sie dann noch einmal Wickeldraht herum (Zeichnung 4).

1

2

3

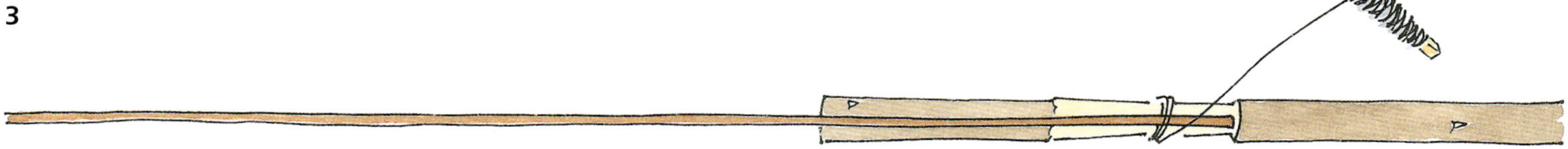

4

Machen Sie weiter, indem Sie die Weiden nun nacheinander anlegen und sie dann entsprechend mit Wickeldraht befestigen. Wenn kein Platz mehr für weitere Weiden ist, zurren Sie den Draht mit ein paar Umwicklungen gut fest und klemmen ihn zum Schluss unten zwischen einige der Wurzelenden (siehe Zeichnung 5). Knipsen Sie den Draht mit einer Zange ab. Nehmen Sie dazu niemals ihre gute Grünschere.
Binden Sie ein Japanisches Auge (siehe Seite 20) oder arbeiten sie eine Wicklung (siehe Seite 40) über den zusammengezurrten Draht, damit er verdeckt wird.
Richten Sie das Ganze nun auf und flechten Sie Doppeltes Kreuzgeflecht (siehe Seite 62). Verwenden Sie Flechtweiden in einer Länge von 100-120 cm und flechten Sie so weit wie möglich nach unten – die Staken sollten leicht angeschrägt stehen (siehe Zeichnung 6). Machen Sie im Doppelten Kreuzgeflecht weiter, bis der Umfang so groß ist, dass ein Marmeladenglas hineinpasst.

Binden Sie danach die Staken am oberen Ende zusammen und flechten Sie ein paar Runden. Platzieren Sie ein Glas so in die Weidenstaken, dass das Doppelte Kreuzgeflecht sich dann an der Seite hoch schlängelt. Dadurch bildet sich eine mehr oder weniger offene Spirale. Die Anzahl der Staken spielt hier keine große Rolle, da man das Doppelte Kreuzgeflecht sowohl mit einer geraden als auch mit einer ungeraden Stakenzahl flechten kann. Kurz vor dem Rand des Marmeladenglases schließen Sie das Doppelte Kreuzgeflecht ganz mit Weidenspitzen ab.
Flechten Sie zum Schluss noch eine Kimmenrunde (siehe Seite 16/17) oder ein paar Runden sehr enges Doppeltes Kreuzgeflecht. Die übriggebliebenen Weidenspitzen verflechten Sie mit der vorherigen Runde. Schneiden Sie die Arbeit erst glatt und kappen Sie dann die Staken 10-15 mm über der Kimme. Sie können natürlich auch einen festen Rand flechten, aber wenn die Staken über der Kimme abgeschnitten werden, sieht es dekorativer aus.

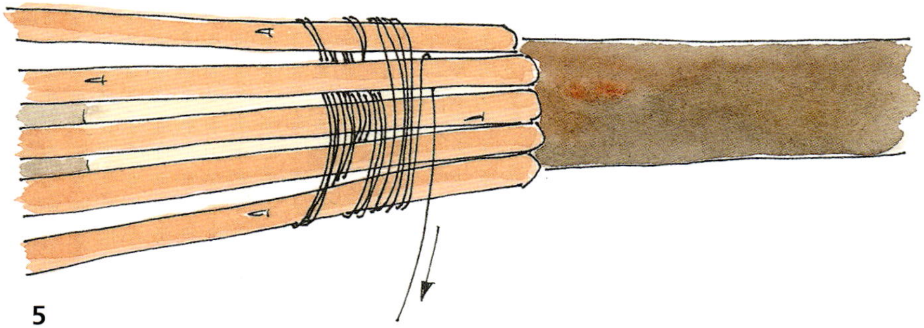

5

6

Vogelcafé

Der Leuchter kann auch als Futteranlaufstelle für Vögel umfunktioniert werden. Das Grundprinzip ist das Gleiche. Der Ständer kann sehr einfach irgendwo platziert werden; dazu brauchen Sie nicht einmal einen Garten – ein großer Blumenkübel reicht aus. Flechten Sie ruhig mehrere Ständer, die Sie dann mit Äpfeln, Meisenringen oder anderen schönen selbstgemachten Schmalzleckereien befüllen können.

Beginnen Sie wie beim Gartenleuchter (siehe Seite 113). Anstelle des Spiralgeflechts können Sie evtl. auch Säulen aus Achter-Geflecht nehmen (siehe Seite 65). Möchten Sie ein Vogelcafé mit sechs Säulen flechten, brauchen Sie 12 Staken. Das Projekt wird oben mit einer Kimme beendet (siehe Seite 16/17). Schneiden Sie die Weiden wie auf der vorherigen Seite beschrieben ab.

Im Gegensatz zu den Gartenleuchtern darf sich das Vogelcafé nach oben hin verbreitern, damit man so viel wie möglich hineinlegen kann. Wenn Sie Vogelfutter im Netz verwenden, weil das hausgemachte von den Vögeln zu schnell aufgefuttert wird, sollten Sie das Netz abnehmen, damit die größeren Vögel nicht alles auf einmal mitnehmen und dann die kleinen Meisen ohne etwas dastehen.

Wenn die Saison vorbei ist, können Sie das Vogelfutter durch Frühjahrsblumen ersetzen. So haben Sie einen schönen Kontrast in Ihrem Staudenbeet oder in Ihren Terrassentöpfen.

Im Bann der Weide

Es kann leicht passieren, dass die Weide einen ganz in ihren Bann zieht, wenn man sich einmal mit ihr beschäftigt hat. Dann erkennt man, wie viele Möglichkeiten der Verarbeitung sie wirklich bietet. Neulich habe ich einen Brief wieder gefunden, den ich im letzten Frühjahr von einer eifrigen Kursteilnehmerin erhalten habe. Darin berichtet sie, was sie erlebt hat, seit sie nach dem Kurs mit ein paar Weiden nach Hause gekommen ist. Sie ist immer noch im siebten Himmel, weil sie die Weide für sich entdeckt hat.

„Als ich nach Hause kam, habe ich ein kleines Käsebrettchen geflochten. Dann ging es weiter. Jetzt habe ich auch einen schönen Korb mit gewundenem Henkel zum Pilze sammeln. Ich erfreue mich an beiden sehr, obwohl sie ein bisschen schief geraten sind und der Henkel etwas gebrochen ist – sicherlich wird er auch irgendwann abfallen. Aber dennoch bin ich von meinen Flechtwerken ganz begeistert. Im „Bergdorf-Korb" (den haben die Teilnehmer im Kurs geflochten) bewahre ich meine Flechtwerkzeuge auf: ein Messer (ein scharfes Küchenmesser), eine Ahle (eine Stricknadel der Stärke 8), ein Lot (einen Kantenstein), eine sehr schlechte Grünschere und ein Klopfeisen (ein solider Meißel von draußen aus dem Schuppen).

In allen möglichen Ecken des Gartens habe ich Weidenableger verteilt. Jetzt ist von der Weide, die ich von Ihnen bekommen habe, nicht mehr viel übrig. Aber ich glaube, es reicht noch für ein kleines Körbchen. Unsere Frösche haben Junge bekommen, deshalb wimmelt es in unserem „Weideneinweichsee" von klitzekleinen Kaulquappen. Ja, vieles verändert sich, wenn man in den Bann des Weidenflechtens gerät."

Man wundert sich manchmal, wie sehr einem die Weide ans Herz wächst. Aber dieser Brief beschreibt einfach, was mir in all den Jahren, in denen ich Weiden flechte, schon viele gesagt haben: Es ist das natürliche Material, der Duft der Weiden, der ewige Kampf mit einzelnen Werkzeugen und nicht zuletzt die Freude darüber, wie das individuelle Flechtwerk entsteht.

Register

Adressen

Andreas Schardt KG
Korb Flechtmaterial
Neuenseer Str. 3
96247 Michelau
Tel.: 09571 980070
www.schardt-kg.de
Email: doris.graf@schardt-kg.de

- *Lagerverkauf und deutschlandweiter Versand von Weiden*
- *geschälte und ungeschälte Amerikanerweide in verschiedenen Farben*
- *bis 140 cm in 5 kg-Bunden, ab 140 cm in 10 kg-Bunden erhältlich*

Hans Ender
Thelitz 12
96272 Hochstadt
Tel.: 09574 62320
Email: info@hans-ender.de

- *großes Sortiment an verschiedenen Weidensorten*
- *deutschlandweiter Versand*
- *telefonische Beratung*
- *bis 160 cm in 5 kg-Bunden, ab 160 cm in 10 kg-Bunden erhältlich*

Baumschule Eggert
Baumschulenweg 2-4
25594 Vaalen (Holstein)
Tel.: 04827 932627
www.eggert-baumschulen.de
Email: info@eggert-baumschulen.com

- *großes Angebot an Weidensetzlingen (zum Eigenanbau), über 60 verschiedene Sorten*
- *Versand nur von Anfang Oktober bis Anfang Mai*

Flechtwerk e.V.
www.flechtwerk-ev.de

- *Vereinigung von KorbflechterInnen, für Interessierte, Profis und Laien*
- *viele Informationen rund ums Flechten: nach Regionen geordnetes Verzeichnis von Korbflechtern, aktuelle Hinweise auf Märkte und Ausstellungen, Materialinformationen, Links etc.*

Flechtwerk
Dieter Deringer
Bahnhofstraße 8
72419 Neufra/Hohenzollern
Tel.: 07574 4236
www.flechtwerk-dieter-deringer.de
Email: flechtwerk@aol.com

- *regelmäßig stattfindende Weiden-Flechtkurse im süddeutschen Raum; aktuelle Termine auf der Homepage*
- *auf Anfrage auch im privaten Rahmen, deutschlandweit bei mind. 4, max. 8 Personen*

Anja van Kempen
Korbmachermeisterin
Georgenstr. 21
86152 Augsburg
Tel.: 0821 2613752
Mobil: 0172 3582658
www.korbflechterin.de
anja@korbflechterin.de

- *regelmäßiges Angebot an Korbflechtkursen für Anfänger und Fortgeschrittene; aktuelle Termine auf der Homepage*

VerFLECHTungen
Antje Hövel
Schulweg 2
04519 Rackwitz (bei Leipzig)
Tel.: 034294 84441
Mobil: 0175 5601279
www.weidenfrau.de
Email: info@weidenfrau.de

- *regelmäßige Kurse zu verschiedenen Projekten und Techniken; aktuelle Termine auf der Homepage*
- *auf Anfrage deutschlandweit Kurse und Workshops für Kinder, Jugendliche und Erwachsene, Anfänger und Fortgeschrittene*
- *organisiert einmal im Jahr ein bundesweites Korbflechterinnentreffen für Fortgeschrittene und Profis*

Manuela Marquardt
Hansestr. 24-26
23558 Lübeck
Tel.: 0451 8997380
Email: feuerwache@gmx.de

- *Flechtkurse für Kinder und Erwachsene im Winter*

Hans Peter Sturm
Schwabacherstr. 17
90177 Dormitz
Tel.: 09134 9089378
www.weidensturm.de
peter@weidensturm.de

- *Workshops und Seminare für Anfänger und Fortgeschrittene zu verschiedenen Themen, Termine siehe Homepage*
- *Flechtkunstaktionen*
- *Verkauf von Weiden und Setzlingen – solange der Vorrat reicht*